晋祠

山西省文物局 编
乔新华 著

山西出版传媒集团
三晋出版社

"山西国宝故事"系列丛书编委会

主　任　　刘润民

副主任　　白雪冰　程书林　郝　平　贾新田
　　　　　胡彦威　杨梅喜　于振龙　张元成
　　　　　赵曙光

委　员　　（按姓氏音序排列）
　　　　　陈小三　郭鹏云　李　君　梁　军
　　　　　刘宝兰　刘玉昕　路　易　任海云
　　　　　任毅敏　王晓毅　向晋卫　谢尧亭
　　　　　张喜斌　周　亚

写在前面的话

党的十八大以来,以习近平同志为核心的党中央高度重视文化自信和文化建设,强调在加强文化建设中要坚持讲好中国故事、传播好中国声音,铸牢中华民族共同体意识,向世界展现真实、立体、全面的中国,提高国家文化软实力和中华文化影响力,让世界更好地了解中国。2020年5月,习近平总书记在山西视察时,进一步指出文化遗产保护的重要意义:历史文化遗产是不可再生、不可替代的宝贵资源,要始终把保护放在第一位。发展旅游要以保护为前提,不能过度商业化,要让旅游成为人们感悟中华文化、增强文化自信的过程。

山西是中华文明重要的发源地,更是数千年中华文明史重要的实践地,山西以其独特的自然和人文环境,留下了丰富的遗迹、遗物。山西省目前有国保单位531处,高居全国之首,为深入开展"百万年的人类史、一万年的文化史、五千多年的文明史"研究，提供了丰富的实物资料。

为深入贯彻落实习近平总书记讲好中国故事、传播好中国声音的要求，以及视察山西时关于保护和利用好文化遗产的重要指示，进一步把山西省文化遗产所蕴藏的优秀传统文化精神标识和具有当代价值与世界意义的文化精髓提炼展示出来，不断提升中华文化影响力，山西省文物局与山西大学以山西省全国重点文物保护单位为依托，共同开展了"讲好山西国宝级文物故事"活动，并将其成果以"山西国宝故事"丛书奉献给广大读者。

此次选定的山西国宝文物包括山西省的三大世界文化遗产地、国务院首批公布的全国重点文物保护单位以及在全国同类遗存中具有重大文化价值的遗存共20处。这20处国宝大致可分为四类。

第一类是世界文化遗产。享誉中外的三大世界文化遗产，是我省的闪亮名片。云冈石窟代表着石窟艺术"中国化"的开始，壮丽的典型皇家风范造像，代表了公元5世纪世界雕刻艺术的最高水平，成为中西文化交流的历史丰碑。冰缘地貌、五峰聚立的佛教圣地五台山，是我国唯一兼有藏传佛教和汉地佛教的道场，是东亚乃至世界现存最庞大的佛教古建筑群，各类庙宇交相辉映，多民族文化和谐共存，同时也是艺术的殿堂，雕、镂、彩、绘，各呈奇异，钟、鼓、碑、匾，琳琅满目。保存最完整的古代县城平遥，是中国汉民族在明清时期的杰出范例，曾是中国金融业的中心，四四方方的城墙、整整齐齐的街道布局，车水马龙，人声鼎沸，盛满了城市过往的浓厚记忆，被称为研究中国古代城市的活样本。

第二类是古建宝刹。"地上文物看山西"，山西是名副其实的中国古建筑宝库。古建与土木匠作、髹漆彩画、造像雕塑、琉璃烧造、模型搭建等文化遗产，共同构成类目齐备、保存完整的文化遗产体系，在我国乃至世界范围内独一无二，具有"时代最早、数量最多、类型齐全、形式优美"的特点。其中有梁思成眼里的"中国第一国宝"佛光寺；有我国现存最古老的木结构佛教建筑南禅寺大殿；有精美绝伦的元代水神庙壁画，有保存最完好的飞虹琉璃塔的广胜寺；有被誉为世界三大奇塔之一的应县木塔；有见证民族交融的华严寺；有国内现存布局最完整、规模最宏大的辽金佛寺善化寺；有悬挂在山崖峭壁上，佛、道、儒三教合一的独特寺庙悬空寺；有保存着中国古代寺观壁画巅峰之作的永乐宫；有现存最早的皇家园林，三晋历史文脉的重要载体晋祠；有始建年代最早、规模最大、档次最高、保存最全的关帝庙宇解州关帝庙。

第三类是考古遗址。从古人类文化遗址、帝都古城到陵寝墓葬，考古类遗址为研究中国文化源流，解开尘封历史提供了珍贵的实物资料。这一类包括了远古人类打制石器的现场，中国旧石器时代中期的代表性文化遗址丁村遗址；华夏文明的源头，被称为"最初中国"的陶寺遗址；展示盛衰交替晋文化的晋国始封地与早期都城曲村—天马遗址；晋国晚期都城侯马晋国遗址。

第四类是历史遗存。说不尽的人文，道不尽的故事。汇通天下的百年票号日昇昌旧址，几经风雨沧桑、几经商海沉浮；平型关战役遗址，代表了中国共产党领导的八路军正面抗日取得的首次胜利，极大地鼓舞了全国军民抗战到底的信心，提高了共产党和八路军的威望；华北抗日根据地的指挥中心武乡八路军总司令部旧址，曾是百团大战的发起地，书写了抗日军民浴血奋战、威震敌胆的英勇事迹。

从古人类文化遗址、帝都古城到宝刹石窟、险堡雄关、革命圣地……整个山西就是一部浓缩的中华文明史诗，见证着中华历史的沧桑演变，体现了中华文明的连续性、创新性、统一性、包容性、和平性。讲好山西国宝故事，是讲好中国故事非常重要的组成部分，也是传播好中国声音，铸牢中华民族共同体意识，向世界展现真实、立体、全面的中国的有益实践。站在新的历史起点，我们浸润于三晋大地的优秀传统文化之中，通过"第二个结合"，更加坚定文化自信，共同努力创造属于我们这个时代的新文化，建设中华民族现代文明，铸就中华文化新辉煌。

丛书编委会

二、亭榭歌台　人文胜境＼167

三、文明守望　千年一园＼192

P205
○ 后记

目录

○ **序言：晋阳之胜　全在晋祠**　P1

○ **上篇：多元空间　从晋国宗祠到诸神信仰**　P5

一、叔虞封唐　晋国宗祠 | 7
二、惠泽一方　乃眷灵祠 | 23
三、悬瓮山下　仙阁紫垣 | 48
四、智伯渠畔　书院贤祠 | 61
五、宝塔佛寺　舍利石经 | 70

○ **中篇：建筑宝库　从殿堂楼阁到彩塑壁画**　P81

一、圣母大殿　营造法式 | 84
二、鱼沼飞梁　北宋神桥 | 99
三、凉亭献殿　以时祭享 | 105
四、彩塑壁画　传世名碣 | 117

○ **下篇：北方园林　从悬山清泉到人文胜境**　P151

一、山环水绕　古柏齐年 | 154

序言：
晋阳之胜　全在晋祠

水的难老　金的铁人
土的雕塑　石的碑刻
火的陶瓷　木的古建
鱼沼飞梁　宫娥宋塑

1934年8月，著名建筑学家梁思成和林徽因乘暑假之便，作晋汾之游，主要以汾阳城外峪道河为根据对太原、文水、汾阳等八县古建进行探访。他们认为最是"名胜"容易遭"重修重建"之毁坏，原有建筑最难得保存，故晋祠因是太原近郊"名胜"而未被列入原定考察目标中。但在离开太原去汾阳途中，汽车绕晋祠背后过去时，他们忽然间被"一角正殿的侧影"所震撼，重新定位了晋祠的价值。一个月后梁氏夫妇带着行李什物，克服诸多不便重返太原来到晋祠。后来，他们在《晋汾古建筑预查纪略》中惊叹："一进了晋祠大门，那一种说不出的美丽辉映的大花园，使我们惊喜愉悦，过于初时的期望。无以名之，只得叫它做花园。其实晋祠布置又像庙观的院落，又像华丽的宫苑，全部兼有开敞堂皇的局面和曲折深邃的雅趣，大殿楼阁在古树婆娑、池流映带之间，实像个放大的私家园亭。"

早在1906年，刘大鹏便发出"三晋之胜，以晋阳为最。而晋阳之胜，全在晋祠"一语，成为迄今关于晋祠最美的一句宣誓。他在《晋祠志》中深情地描绘："晋祠居太原西南，山环水绕，号为名区，为晋全省中第一形胜。山曰悬瓮，水曰晋水。"

1982年，时任光明日报记者的梁衡先生在《晋祠》一文中这样开篇：出太原西南行五十里，有一座山名悬瓮。山上原有巨石，如瓮倒悬。山脚有泉水涌出，就是有名的晋水。在这山下水旁，参天古木中林立着百余座殿、堂、楼、阁、亭、台、桥、榭。绿水碧波绕回廊而鸣奏，红墙黄瓦随树影而闪烁，悠久的历史文物与优美的自然风景，浑然一体，这就是古晋名胜晋祠。

晋祠者何？唐叔虞之祠也。但晋祠绝不仅限于晋国宗祠这一单纯的"身份"。源于西周，见于北魏，背依着悬瓮山，晋祠在历史的长河中百转千回，如同滋养它的晋水"有容乃大"，各个朝代的无数光影故事层累叠加，"静水深流"般成就了一座千年之园。俯瞰、近观、概览、细审，无论从哪个视角，晋祠之美，美在无处不美！

从历史文化内涵看，晋祠是晋国宗祠、三晋之根，是三晋政治、历史与人文精神的象征，又是集儒、释、道、民间信仰于一身，汇祠、庙、寺、观为一体的多元空间，蕴含着丰富的历史讯息，是一个有故事的场域。晋祠之美，美在内涵厚重丰盈。

从古迹文物价值看，晋祠是中国古代建筑艺术的集约载体，是历史文物荟萃之区，以古建、彩塑、壁画、金石木刻组成了独具风格的中国古代建筑艺术博物馆。水的难老，金的铁人。土的雕塑，石的碑刻。火的陶瓷，木的古建。鱼沼飞梁，宫娥宋塑……晋祠之美，美在文物古典灵动。

从自然环境美感看，晋祠是融自然山水和历史人文于一体的北方园林，是国内现存最早的古典宗祠园林建筑群，堪称宗祠祭祀建筑与自然山水完美结合的典范。悬瓮晴岚，四水青畴，周柏唐槐，双桥挂雪，古树苍劲，碧水清流，桃园春雨，大寺荷风……晋祠之美，美在山水佳景艺境。

晋祠是一座山环水绕的博物馆，来自不同历史深处的元素幻化、组合、凝聚、归拢成悬瓮山下一个神奇的多元空间。深沉、壮阔、古典、静穆，它浓缩了山西历史的精华，又以古老而年轻的姿态拥抱新时代。

晋祠是有故事的，更是有气场的……

上篇：
多元空间 从晋国宗祠到诸神信仰

叔虞封唐　晋国宗祠
惠泽一方　乃眷灵祠
悬瓮山下　仙阁紫垣
智伯渠畔　书院贤祠
宝塔佛寺　舍利石经

晋祠在今山西省太原市晋源区晋祠镇，背依悬瓮山，前邻晋水源，真可谓是"山环水绕，境极名胜，甲于三晋之首"。明朝时期当地名士高汝行有言曰："惟山西形势之雄在晋阳，惟太原山水之胜在晋祠。"清末民国时期当地文人刘大鹏在《晋祠志》中写道："晋祠居太原西南，山环水绕，号为名区，为晋全省中第一形胜。山曰悬瓮，水曰晋水。"

晋祠为唐叔虞之祠。"夫百神诸灵，以天地为乡，以山川为家"。晋祠的始建年代由于文献缺乏暂时无从稽考。北魏时期地理学家郦道元在《水经注》中记载："昔智伯之遏晋水以灌晋阳，其川上溯，后人踵其遗迹，蓄以为沼。沼西际山枕水，有唐叔虞祠。"这是目前所知关于晋祠最早的记载。晋祠最初以晋国宗祠的独特地位屹立于三晋大地，成为日后三晋政治、历史与人文精神的象征。

随着时代的推移，晋祠脱离了原本单一的祭祀功能，形成了文化多元、人文厚重的新格局。1961年3月，晋祠以其独特的文化价值被国务院公布为首批全国重点文物保护单位，2011年被国家旅游局评定为首批国家4A级旅游景区。

一、叔虞封唐　晋国宗祠

花花正定府，锦绣太原城。有人说"不到晋祠，枉到太原"，晋祠最初称唐叔虞祠，作为晋国宗祠，它的功能主要是奉祀晋国开国诸侯唐叔虞。

（一）桐叶封弟　晋之缘起

驻足于晋祠大门前，在朱红色的院墙之外就可以感受到一股恢宏磅礴的气势，大门正中悬挂的那块黑底金字行书匾额，上面飘洒隽逸、刚劲有力的"晋祠"二字格外引人注目。

晋祠最早是祭祀晋国开国之君唐叔虞的祠堂。刘大鹏《晋祠志》有云："晋祠以唐叔虞祠得名。而晋祠之名，肇于北齐，故言晋祠上至北齐而止。若言事，则上至于周。"由此可知，晋祠初名唐叔虞祠，北齐时始有"晋祠"之名。而创建晋祠的事由，则要溯源至西周时期。

提到西周就不得不谈谈分封制。王国维在《殷周制

图一 清《晋祠全图》

度论》中指出:"中国政治与文化之变革,莫剧于殷、周之际……欲观周之所以定天下,必自其制度始矣。……封建子弟之制、君天子臣诸侯之制……此数者,皆周之所以纲纪天下。"周代分封制的内在逻辑就是所谓"封建亲戚,以藩屏周",即把自己的子弟、叔伯、同姓贵族和甥舅等异姓贵族封为诸侯,让他们经营诸侯国,作为周天子的屏障,叔虞就是在这种历史背景下被封到唐国做诸侯的。叔虞所封的唐在什么地方呢?司马迁《史记·晋世家》载,"唐在河、汾之东,方百里"[1],多数学者认为唐是黄河支流汾河以东的"方百里"区域,当时的地理范围并不大。

《左传·昭公元年》《史记·晋世家》等还记载了唐叔虞名字的来历,说周武王的妻子邑姜怀孕期间做了一个有趣的梦,梦见天帝对她说:"我命你即将出生的孩子叫虞,将把唐地给予他。唐地属于参星的分野,他将在这里繁育子孙。"小孩生下来后手掌上有"虞"字,于是就起名为"虞"。其实这是后人编造附会的,目的是找到君主"天命神授"的合法性。叔虞是晋国的开国

图二
图三 图四

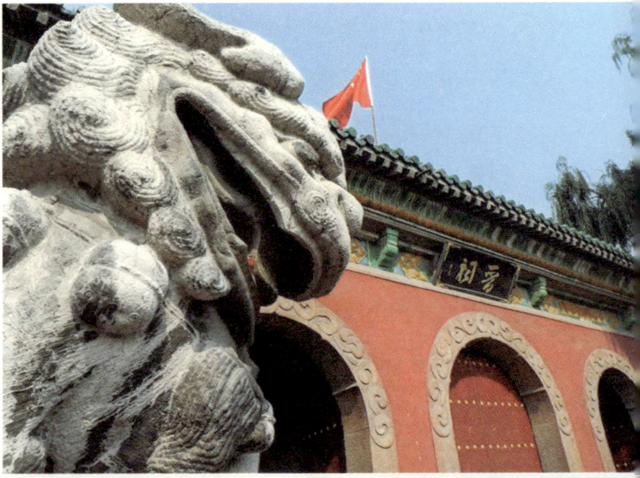

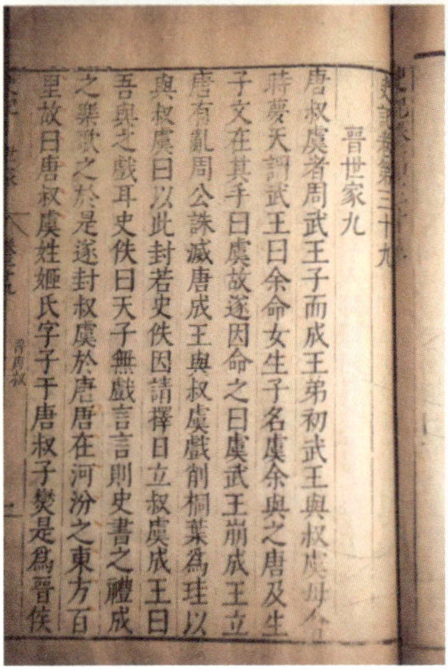
史記卷第三十九

晉世家九

唐叔虞者周武王子而成王弟初武王與叔虞母會時夢天謂武王曰余命女生子名虞余與之唐及生子文在其手曰虞故遂因命之曰虞武王崩成王立唐有亂周公誅滅唐成王與叔虞戲削桐葉爲珪以與叔虞曰以此封若史佚因請擇日立叔虞成王曰吾與之戲耳史佚曰天子無戲言言則史書之禮成之樂歌之於是遂封叔虞於唐唐在河汾之東方百里故曰唐叔虞姓姬氏字子于唐叔子燮是爲晉侯

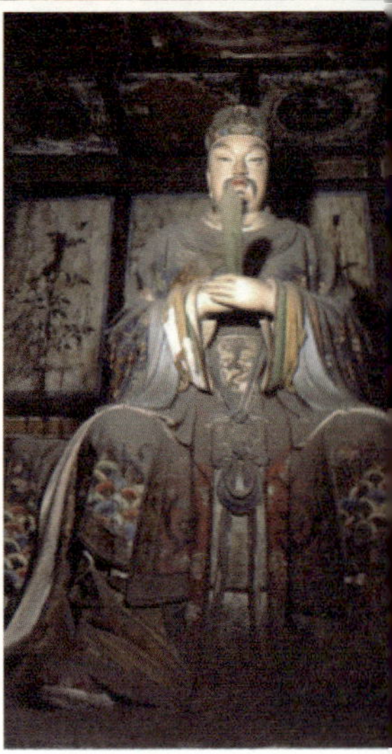

图二
晋祠大门

图三
唐叔虞神像

图四
明刊本《史记》内页

之君，享有后世所谓"太祖"之尊，《史记·晋世家》称其为"晋唐叔虞"，东周的青铜器铭文上称其为"皇祖唐公"。他是西周分封的第一位姬姓国君。唐叔虞之子燮父时，改唐为晋，晋国是周王室的重要封国，在中国历史上占有重要地位。

叔虞封唐伴随着一个有趣的"桐叶封弟"的故事。据说有一天，成王和叔虞游戏，成王把一片梧桐叶剪成玉圭的形状送给叔虞说："把这个分封给你！"史佚在旁边听见了，就请成王选择吉日立叔虞为诸侯。成王说："我跟叔虞开玩笑呢！"史佚却说："天子无戏言。"于是周成王只好将叔虞分封到了唐地。

晋祠正殿外廊柱上挂有道光年间太原知县王炳麟的楹联："悬瓮庆灵长锡兹难老，分圭遗厚泽惠我无疆。"圣母殿前廊悬挂有"惠普桐封""惠洽桐封""桐封遗泽"等匾额。圣母殿稍间檐柱上有同治元年（1862）太原知县贺澍恩所书的楹联："沛泽共汾川十里稻畦流碧玉，剪圭分参野千年桐荫普黎甿。"晚清著名书法家祁寯藻也书有楹联："悬瓮山高碧玉一湾分晋水，剪桐泽远慈云千古荫唐封。"如果不了解叔虞封唐的历史，就很难理解这些题咏、联匾的意义。叔虞封唐是晋祠历史渊源的起点，晋祠是西周分封制的一个地方表达。

（二）见于北魏 兴于北齐

1. 唐叔虞祠·晋王祠·晋祠

北魏郦道元《水经注·晋水》中记载："《山海经》曰：'悬瓮之山，晋水出焉'。今在县之西南。昔智伯之遏晋水以灌晋阳，其川上溯，后人踵其遗迹，蓄以为沼。沼西际山枕水，有唐叔虞祠。水侧有凉堂，结飞梁于水上。左右杂树交荫，希见曦景。至有淫朋密友，羁游宦子，莫不寻梁契集，用相娱慰，于晋川之中最为胜处。"[2] 这段短小精悍而又活泼生动的语言，勾画出了1500多年前晋祠风光秀丽、游人如织的场景。

北魏时期唐叔虞祠，又名晋王祠。北齐魏收在《魏书·地形志》中记载："（晋阳）西南有悬瓮山，一名龙山，晋水所出，东入汾。有晋王祠。"[3] "晋王"指的就是贵为王侯的唐叔虞。唐代李吉甫《元和郡县图志》中记载："晋祠一名王祠，周唐叔虞祠也。"[4] 但它是何人所建、如何祭祀，郦道元、魏收和李吉甫都没有提及。

图五
——
图七 ｜ 图六

图五
明刊本《水经注》
图六
晋祠难老泉亭
图七
晋祠善利泉亭

东魏时期文学家祖鸿勋受丞相高欢征召，写下了描写晋祠风物的游记《晋祠记》，这是"晋祠"一名在文学史上较早的记载。《北齐书》载："高祖曾征至并州，作晋祠记，好事者玩其文。"相传这篇文章对晋祠的山水风物进行了非常细致的描写，时人争先传诵，可惜没有流传下来。

"晋祠以唐叔虞祠得名。而晋祠之名，肇于北齐，故言晋祠上至北齐而止。"晋阳为北齐的别都，历代北齐皇帝对此地特别倚重，作为"晋阳之胜"的晋祠也受到了北齐皇帝的垂青。文宣帝高洋尤爱晋祠山水，在位期间曾对晋祠进行大规模整修。南北朝时期姚最在《序行记》中记载："高洋天保中（550—559），大起楼观，穿筑池塘。自洋以下，皆游集焉。至今为北都之胜。"晋祠迎来了历史上的第一个兴盛期。至元四年（1267）宣授太原路提举学校官弋毂撰写的《重修汾东王庙记》碑中也有记载："齐天保中，大起楼观。祠西山上有望川亭，祠中两泉：北曰善利，南曰难老，皆作亭以庇之。祠南大池西岸有流杯池，池上曰均福堂，堂后曰仁智轩，其南曰涌雪亭。池中岛上曰清华堂，亭曰环翠。"说明北魏时晋祠已为一方胜景，至北齐初则更受重视。

北魏和北齐为何如此重视晋祠且大加扩建？这是解读晋祠历史文化内涵的第一个重要的"历史性时刻"。北京大学历史学教授赵世瑜猜想这与北族政权对太原地区的重视有关。他在关于晋祠的系列研究中指出："晋祠最初以唐叔虞为主神的时候，曾有人质疑说，祭祀一个地方的诸侯是否合适。实际上，魏和北齐修叔虞祠（或晋王祠），正是表明一个地方割据的政权恰恰像西周时期的唐或晋国一样，属于正统的苗裔。"[5]

2.改祠为寺：大崇皇寺

北齐文宣帝高洋去世后，后主高纬继位，他长期居住在别都晋阳，天统五年（569）将晋祠改名为大崇皇寺。《北齐书·帝纪》记载："（天统五年）夏四月甲子，诏以并州尚书省为大基圣寺，晋祠为大崇皇寺。"[6]北齐皇帝大都崇尚佛教，所谓"高齐六君二十八年，皇家立寺四十三所，译经六人一十四部"。在皇室力量的支持下，晋祠及周边地区先后建立了崇福寺、开化寺、童子寺、天龙寺、上生寺等佛寺。赵世瑜指出，"这一时期晋祠出现了许多具有皇家背景的佛寺，连晋祠甚至官僚机构都被改造了"[7]。在北齐崇佛之风盛行的背景下，晋祠"改祠为寺"，让原本祭祀王侯的晋国宗祠蒙上了一层神秘的伽蓝色彩。

晋祠，作为别都晋阳的一大名区，受到了北齐诸位皇帝的重视，当时的王公大臣也无不以游览晋祠为幸事。敕勒族将领斛律金喜爱山光水色，高洋兴修晋祠之后，常命他陪伴左右宴游晋祠。刘大鹏在《晋祠志》中写道："晋祠名胜，由来远矣！亭台楼观，始于北齐，厥后增葺，制益宏壮，加之山水胜概，历千古而弥奇。"[8] 北齐时的晋祠已成为了一个融山光水色和人文古迹于一体的园林。

（三）李唐祈福　赵宋承袭

1. "唐碑"中的晋祠

矗立于祠区北部贞观宝翰亭之中的《晋祠之铭并序》碑（俗称"唐碑"）是晋祠仅存的几处唐代遗存之一，这一国宝文物为我们探索晋祠在唐朝的发展提供了线索。清咸丰六年（1856）沈巍皆在《晋祠圣母庙辨》中说："（晋祠）尤显于唐初者，则以高祖起义兵祷之，太宗作铭祠报之故也。"由此可见，唐朝时晋祠声名的显赫，与唐高祖李渊晋祠祈雨求福和唐太宗李世民写下《晋祠之铭并序》两件事有关。

　　隋末李渊将起兵时，被隋将察觉，隋将借口请他到晋祠祈雨伺机谋杀，但李渊早有察觉，幸免于难。《旧唐书》中记载："十三年，为太原留守，郡丞王威、武牙郎将高君雅为副。……威、君雅见兵大集，恐高祖为变，相与疑惧，请高祖祈雨于晋祠，将为不利。"[9] 李世民在《晋祠之铭并序》中也说："先皇袭千龄之徽号，膺八百之先期，用竭诚心，以祈嘉福。爰初鞠旅，发迹神祠，举风电以长驱，笼天地而遐掩。一戎大定，六合为家。"认为唐朝统一天下，就是继承了唐叔虞的唐国国号，唐朝就是从晋祠这里发迹的。唐高祖祈雨于晋祠，透露出唐朝时晋祠又是祈雨之所。那么，晋祠里具有水神或雨神神格的神祇究竟是谁？会昌四年（844），李德裕在祭祀唐叔虞的祭文中叙述了元和十二年（817）地方官员向唐叔虞祷拜祈求止雨一事。李商隐诗中"信陵亭馆接郊畿，幽象遥通晋水祠"之句，也把唐叔虞当作晋水神。由此来看，唐朝时，唐叔虞这一帝王形象又承载了水神的功能。

《晋祠之铭并序》写于贞观二十年（646），这一年正月二十六日，李世民在长孙无忌、萧瑀、李勣、张亮、李道宗、杨师道、马周等的陪同下驾幸晋祠，与群臣穿梭于亭台楼榭、流连于难老泉水。当年与父亲李渊在叔虞神像前祈福的场景还历历在目，回首往事，这里是他一生荣耀的起点，所有的前尘旧事恍如昨日，这位君王感慨万千，提笔写下了《晋祠之铭并序》。他笔下的晋祠"金阙九层，鄙蓬莱之已陋；玉楼千仞，耻昆阆之非奇。落月低于桂筵，流星起于珠树"。"蓬莱""昆阆"在诗文中都是仙境的代称，将其与晋祠类比，这虽是出于诗意的渲染，却也折射出唐时的晋祠已经相当壮观了。

晋祠作为唐朝北都晋阳名胜吸引了众多名人雅士。开元二十三年（735），李白来到太原，他与好友元演同游晋祠，沉醉于这里的山水美景，写下了《忆旧游记谯郡元参军》，诗中"晋祠流水如碧玉""微波龙鳞莎草绿""百尺清潭写翠娥"等千古佳句，写出了晋祠流水温润秀丽的神韵。中唐时期（766—835），"大历十才子"之一的李益在《春日晋祠同声会集得疏字韵》一诗中写道："风壤瞻唐本，山祠阅晋余。水亭开帟幕，岩榭引簪裾。"更是让人们对晋祠美景神往不已。大和六年（832），诗人令狐楚在太原担任北都留守，游览晋祠时曾赋诗《游晋祠上李逢吉相公》，诗中"不立晋祠三十年，白头重到一凄然。泉声自昔锵寒玉，草色虽秋耀翠钿"之句，借晋祠秋景感叹时光易逝。在诗歌文化鼎盛的唐朝时期，这些文人墨客通过极其细腻的笔触，将自己丰富的情感寄托于晋祠秀丽的山水之间，构成了景致和人文浑然一体的瑰丽画卷，晋祠的风貌也因为诗歌的渲染而得到升华。

2. 兴安王庙

后晋天福六年（941），石敬瑭追封唐叔虞为兴安王。《旧五代史》记载："六年春正月戊寅，封唐叔虞为兴安王，台骀为昌宁公。"[10] 这一加封可能是出于对唐叔虞护佑之恩的感激。晋祠因此又称"兴安王庙"。北宋时期吕惠卿作诗《留题兴安王庙》，可见"兴安王庙"这一称谓一直到北宋前期还在沿用。

3. "太平兴国碑"中的晋祠

宋太宗灭北汉一战十分惨烈，在这场战役中，晋阳古城遭受了毁灭性打击,晋祠名胜也未能幸免。太平兴国四年(979),宋太宗为了宣示威德,重修晋祠。所谓"乃眷灵祠,旧制仍陋,宜命有司,俾新大之"。太平兴国九年(984)修缮完工后,宋太宗又令进士、职方员外郎赵昌言撰写《新修晋祠碑铭并序》碑,后人又称"太平兴国碑"。清初朱彝尊在《游晋祠记》中记载:"祠之东有唐太宗晋祠之铭,又东五十步,有太平兴国碑。"相传当地百姓怨恨宋太宗火烧水灌晋阳城的暴行,经常暗中敲剥石碑上的字,最后这块碑成了一块"无字碑"。清末刘大鹏在《晋祠志》中以为胜瀛楼北侧的"无字碑"就是"太平兴国碑"。晋祠文物工作者张友椿经过考证后发现"太平兴国碑"原碑早已不存。后来慕湘先生在点校《晋祠志》时也发现胜瀛楼北侧的"无字碑"并非"太平兴国碑"。幸运的是,此碑碑文保留于明嘉靖年间的《太原县志》中。

碑文中"晋祠者,唐叔虞之神也"的记录,说明宋初的晋祠还是祭祀唐叔虞的祠堂。"观夫正殿中启,长廊周布。连甍盖日,翼檐而翚飞;巨栋横空,蜿蜒而虬龙……万拱星攒,千楹藻耀。皓壁光凝于秋月,璇题色晃于朝霞。轮焉奂焉,于兹大备。况复前临曲沼,泉源鉴澈于百寻;后拥危峰,山岫屏开于万仞。"

图八 — 图九

图八 晋祠胜瀛楼远景

图九 晋祠胜瀛楼

可见修葺之后的唐叔虞祠"前临曲沼，后拥危峰"，与《水经注》中"沼西枕山际水"的位置无异，"泉源鉴澈于百寻""山岫屏开于万仞"描述了当时的晋祠仍是"水光山色尚依然"的风景名胜。

1959年陈毅同志游晋祠时有感而发："周柏唐槐宋献殿，金元明清题咏遍。世民立碑颂统一，光义于此灭北汉。"作为一座祠庙，唐叔虞祠从创建之时起到宋初曾具有重要的政治象征意义。从《水经注》中的记载，到唐太宗李世民《晋祠之铭并序》碑，是晋文化系统上溯西周封唐建晋至盛唐历史文脉传承的实证，是三晋历史文脉的综合载体，文化遗产价值独特。慕湘先生在点校《晋祠志》时评价："晋祠以其历史之久，荟萃之富而声弥中外，为中华民族灿烂古文化遗迹之一，为历史科学提供了广泛的研究资料。"

二、惠泽一方　乃眷灵祠

北宋天圣年间（1023—1032）是解读晋祠历史文化内涵的第二个重要的"历史性时刻"。随着圣母殿鸠占鹊巢，唐叔虞祠改建南向，晋祠渐渐形成了唐叔虞祠与圣母殿各有其一的"礼与俗的二元空间"。明嘉靖年间（1522—1566）是解读晋祠历史文化内涵的第三个重要的"历史性时刻"。水母楼的出现，似乎又开启了一个与圣母有分有合的水母时代，这一系列的变化被赵世瑜形象地比喻为从"唐叔虞"这一单轨制，到圣母殿与唐叔虞的"双轨制"，再到水母楼的"变奏曲"。唐叔虞祠—圣母殿—水母楼的顺次出场共同勾勒出晋祠最重要的一条主线。其遗迹主要留存在今天晋祠的中部区域，即从晋祠大门入口，自水镜台起，包括会仙桥、金人台、对越坊、献殿、钟鼓楼、鱼沼飞梁、圣母殿（附苗裔堂、台骀庙），可以说这是全祠的主体（脊梁），圣母殿为首脑，鱼沼为脑髓，结构壮丽而整肃。紧靠其南，从胜瀛楼起，三圣祠、难老泉亭、水母楼、公输子祠，这一部分既有楼台耸峙，又有亭桥作为点缀，特别是晋水环绕其中，奔流不息，好像是全祠的心脏和血管。

（一）昭济圣母　鸠占鹊巢

1. 圣母殿与惠远庙

晋祠于宋初兴修仅二十多年后，在大中祥符二年(1009)地震中又遭毁坏。大中祥符四年（1011）政府下令重修，《宋会要辑稿》载："四年四月诏，平晋县唐叔虞祠，庙宇摧圮，池沼湮塞，彼方之人，春秋尝所飨祭。宜令本州完葺。"就在此后的重修过程中，原来晋祠中的女郎祠在天圣到嘉祐年间（1023—1063）逐渐被扩建成晋源神祠，即供奉晋水水神的祠庙，又称水郎祠，即现在的圣母殿。

女郎、水郎与圣母，三者何也？金泰和八年（1208）郝居简在重修《庙记》中记载："至宋天圣中，（唐叔虞）改封汾东王，今汾东王殿是也。又复建水郎祠于其西，至熙宁中，加号昭济圣母，今圣母殿者是也。"[11]在正对圣母殿的莲花台上，有四尊镇水金神铁像，似可说明圣母殿奉祀的主神应该是水神。赵世瑜认为，这一神灵不是突然冒出来的，应该是以前就存在、为百姓崇奉的俗神，只不过被国家重视的叔虞祠遮盖住了。进入宋代后，才由俗入礼，进入国家祀典之列。

自圣母殿建成后，圣母的地位在有宋一代备受推崇。熙宁十年（1077）朝廷敕封"昭济圣母"，政和元年（1111）加封"显灵昭济圣母"。《宋会要辑稿》载："平晋县有圣母祠，神宗熙宁十年封昭济圣母。徽宗崇宁三年六月赐号慈济庙。政和元年十月加封显灵昭济圣母，二年七月改赐惠远。"圣母的名号日渐显赫，香火旺盛，逐渐动摇了叔虞主祀之享的地位。后世的《太原晋祠记》有言："自昭济之号隆，而桐圭受封报功崇德者乃渐而泯矣。"赵世瑜形象地指出："大约在熙丰年间昭济圣母'鸠占鹊巢'，晋祠的正殿从叔虞祠改为圣母殿。"[12]

与此同时，唐叔虞被封为"汾东王"，"汾东王庙"的称呼随之而出。至元四年（1267）弋毂所撰的《重修汾东王庙记》中记载："然则王祠之在此其来远矣。自晋天福六年封兴安王，迨宋天圣后改封汾东王，又复建女郎祠于水源之西，东向。"唐叔虞为何被改封为"汾

图一〇 晋祠圣母殿

东王"？赵世瑜认为："'汾东王'的封号是要将唐叔虞和圣母在这一地区的主管范围做出区分，前者负责汾河（东岸地区）水利，后者负责晋水（汾河西岸地区）水利，其背后可能是不同灌溉系统中的人群。当然，其意义被大为缩小了，从三晋的祖神变成地方性的小神，也符合宋代抑制地方割据的表征。"此时，唐叔虞与圣母共享着雨神的角色。宣和五年（1123）的《晋祠谢雨文》中说："致祭于显灵昭济圣母、汾东王之祠。"晋祠主神由"单轨制"变成了"双轨制"，这应该是源于晋水的重要性。在北宋那个极为重视水利兴修的时代，水神祭祀必然被提到很高的位置。

2. 祠祭变换，叔虞偏居

伴随着圣母殿的兴修，原本"前临曲沼，后拥危峰"的唐叔虞祠偏居于祠区北部一隅，即今天坐北朝南的唐叔虞祠。千百年来，晋国王侯唐叔虞一直是晋祠的"主人"，突然之间却要屈尊于一个名不见经传的水神圣母之下，宋元之后的儒家士人对此颇有议论。金代文学家元好问在《惠远庙新建外门记》中说道："晋溪神曰昭济，祠曰惠远,自宋以来云然。然晋祠本以祠唐侯,乃今以昭济主之,名实之紊久矣!不必置论。"明万历时期山西巡抚苏惟霖也在《游晋祠记》中质问道:"何以不祀唐叔而祀母?母且为谁?则以祠?……所负之山曰悬瓮,绵亘数十里,山下出泉,灌溉环邑,土人以为惠出于母,尸祝之耳,何知唐叔?"明末清初顾炎武也感慨:"今人但知圣母,而不知叔虞,不其然乎?"这些出自儒家官员、学者之口的言论,是对"叔虞桐封祠最古,反居堂下门东偏"境遇的疑惑。

面对如此困境,士大夫们深感无奈,只好另谋出路。清初著名学者晋祠本地人阎若璩就想出了个办法,他根据一块宋碑的内容认为圣母实际上是唐叔虞的母亲邑姜,之所以圣母殿为正殿,是子为母屈。清康熙十一年(1672)阎若璩特别指出《谢雨文》碑中"惟圣母之发祥兮,肇晋室而开基;王有文之在手兮,其神灵之可知"之句,觉得终于可以破解"叔虞偏居"的历史困局。后来刘大鹏在《晋祠志》中也采用了这种说法:"立始封君之祠,兼立其母之祠,亦情理之常,无足怪者。"赵世瑜在研究中指出:"阎若璩把他的考证结果报告给了地方官,希望上报到朝廷,改变洪武年间礼制的错误,但没有人理睬。说明清代士大夫把圣母改变为邑姜的努力基本上是失败的。""据原奏内阳曲县冽石口窦侯庙、太原县晋祠镇圣母庙，历朝祷雨辄应，又水母庙建自前明，祷雨灵应，均为士民所崇信。"在这里圣母是与另两位水神相提并论的。其实无论圣母最初是邑姜还是水神，北宋以来的百姓心中都更看重水神的角色。正如圣母殿前廊柱上悬挂的对联"溉汾西千顷田三分南七分北，浩浩同流数十里淆之不浊；出瓮山一片石冷于夏温于冬，渊渊有本亿万年与世长清"。

唐叔虞祠和圣母殿同处一个空间，两个在功能上颇有重合的神祇有何细微的差异？赵世瑜在他十几年来有关晋祠的总结性研究《多元的标识，层累的结构——以太原晋祠及周边地区的寺庙为例》一文中综合分析，在晋祠地区漫长的历史中，水是一条主线，唐叔虞可以被认为是从王朝国家的礼制角度承担着解决水旱之灾的角色，圣母则是对百姓的日常生活而言，承担着重在解决因水产生的矛盾纠纷的角色。

（二）叔虞圣母真君　三足鼎立

1.汾东王·昭济圣母·昭惠灵显真君

元朝时，晋祠又名汾东王庙，同时增加了道教宫观。元至正二年（1342），山西道肃政廉访司事王思诚的《重修晋祠庙记》中记载："其殿之北面南向，曰唐叔虞汾东王。西面东向，曰显灵昭济圣母。南面北向，曰昭惠灵显真君。"这一记载勾勒出元朝时晋祠的祭祀空间中叔虞、圣母、真君三足鼎立的格局。此碑现在还屹立在胜瀛楼北山墙下，因文字剥落不全，人们多认为是太平兴国碑，后经张友椿考证才纠正了这一误解。碑记虽然不显，但其全文载于《金石萃编补正》，可参阅。

文献记载元初晋祠由道教掌管，"仍诸路掌教真人张公以札付令提点庙事"。根据碑文内容可知，当时晋祠耆老燕德、翼宝等三十四人对晋祠的范围做了一次详细的界定，勘明晋祠四至界畔为"东至草参亭出入至官街并诸人见住屋后大泊堰为界；南至小神沟旧墙并碓臼北景清门根脚为界出入通奉圣寺道；西至神山大亭台后为界；北至旧大井南神沟观院墙为界"。与今天晋祠的范围大致吻合。

元朝时的昭惠灵显真君庙，即今天所见的三圣祠，是清乾隆二年（1737）改建药王、真君两庙而来，有《改修药王真君两庙为三王祠》为证。《晋祠志》载："（三圣祠）初本药王、真君两庙，乾隆二年改建为一，添龙王神，名三王祠，后改三圣。"现在的三圣祠在石塘东南，殿三楹，祠地势高爽，庙貌浑朴，倒映清潭，影随波漾，与水母楼、难老泉亭之影交相奔流，是塘中胜观。祠内主要供奉着药王、仓王、龙王三尊与民众生产生活息息相关的神灵，奉之以卫民生、储民食、养民田。

一进入三圣祠的祠门，正对的是药王神像，相传此处供奉的药王为"尝百草"的神农氏。旧时，每年农历四月二十八日为药王诞辰，当地医者和药材店会举行隆重的祭祀活动。

祠堂左侧神龛中供奉的是仓王。刘大鹏在《晋祠志》中认为"真君者即仓王"，仓王是负责守护仓库的神。填仓节是祭祀仓王的节日，早在宋朝孟元老所著的《东京梦华录》中就有记载："正月二十五日，人家市牛、羊、豕肉，恣飨竟日。客至苦留，必尽而去。名曰填仓。"

图一一 晋祠三圣祠

祠堂右侧神龛中供奉的是黑龙王,据《晋祠志》记载,当地村民每年都会举行"迎神归祠"和"送神入山"的祭祀活动。每年农历三月初,纸房村村民前往天龙山请黑龙王,将其安置在该村的真武庙,由晋祠地区的晋祠、赤桥、纸房、索村等十一个村庄依次致祭。九月初三日,晋祠人在三圣祠演戏致祭黑龙王神。秋收后,再由晋祠纸房等十数村各备旗幡华盖,抬阁恭送黑龙王神入天龙山。赵世瑜认为,三圣祠的建立是晋水源头——晋祠、赤桥、纸房三村在晋祠中建立自己神圣空间的举动,并借助黑龙神的祭祀活动,联合与自己地缘接近的中河、南河数村,形成一个超越晋水四河灌溉关系的村落祭祀联合体以抗衡下游诸村。[13]

2."晋祠"复名

明朝时期晋祠恢复本名。洪武二年(1369)大旱,明太祖朱元璋派遣使者祭祀山川诸神求雨,由于晋祠圣母祷雨有应,加封其为"广惠显灵昭济圣母"。明朝洪武四年(1371),明太祖朱元璋下令废除之前历朝历代对山岳河海的封号,以山水本名作为神的名称,于是汾东王庙恢复"晋祠"本名。圣母庙也改称"晋源神祠"。洪武七年（1374）九月，为谢丰年，晋王相府、太原左右卫、山西行省等官员率属下官吏200余人谒圣母祠。明朝在地方统治的三支重要势力——王府、卫所、地方民政一齐到场，正式给予晋祠的昭济圣母最高地位，唐叔虞祠相形之下黯然失色。赵世瑜指出："北宋以来的'双轨制'告一段落，这是宋以来圣母殿地位不断提升的结果。"

天顺五年（1461），巡按山西监察御史茂彪到晋祠祈雨有应，为了答谢神灵，主持修葺晋祠，祠中的水阁过亭和周垣的遮栏都是这次重修时创建的。嘉靖二十六年（1547）冬天，宪副李乘云、宪佥朱征请求巡抚下令修缮叔虞祠，当地的官员百姓积极参与到修建工程中。这次修建重塑了唐叔虞祠中的神像，在两侧增建了配殿若干楹。到了清康熙二十五年（1686），太原知县周在浚与朱彝尊到晋祠修祀典，看到唐叔虞祠破损严重，蔓草侵阶，破败不堪，感叹道"祠宇颓坠不及圣母"，也曾捐资兴修唐叔虞祠。

乾隆二十八年（1763）太原知府周景柱在《太原晋祠记》中对于唐叔虞祠的描述是："去朝阳洞少许为唐叔祠，祠仅屋三楹。"可见，当时唐叔虞祠的规模较小。乾隆三十一年（1766），山西布政使朱珪与冀宁观察徐浩商议修葺唐叔虞祠，随后他们嘱咐太原县令周宽开展修复工程，在以前正殿的地址上建造了享殿，将正殿移建到原址北边，东、西两侧也各增建了房屋三间，另外还修建了长廊、围墙等，唐叔虞祠的规模明显扩大，这次修建基本上奠定了今天唐叔虞祠的规模。

从历次重修碑记中可以发现，唐叔虞祠的修建基本上都是由地方官员主持的，为什么这些儒家精英们会如此钟情于唐叔虞祠？中央民族大学历史人类学教授张亚辉认为："作为周代的封王，唐叔虞不仅代表了晋最早的祖先，而且承载着汉人对最理想的政治制度的想象。对于言必称三代的儒生来说，唐叔虞的象征意义是无须多言的。"[14]因此接受过正统儒家教育的官员是最不愿意看到唐叔虞祭祀被荒废，也就成为了修葺唐叔虞祠最积极的一个群体。

迈入唐叔虞祠山门，前院古木参天，幽雅清静，中间设有享殿，殿中的元代乐伎像各持不同的乐器，好像在为唐叔虞用心演奏着。东、西两侧有碑廊环绕，廊壁上满嵌了四十六块宋、金、元、明、清历代文人骚客的题咏，内容涵盖了晋祠悠久的历史、秀丽的风光、宏伟的建筑等多方面，是研究晋祠的重要史料。这些作品字体多变，隶、楷、草、行均有，有着极高的艺术鉴赏价值。来到后院，则是唐叔虞祠正殿所在之处，这座经历千年风雨的古老建筑，从元代建成始被较为完好地保存至今，在我国建筑史上是非常珍奇的。正殿殿顶采用单檐九脊殿的样式，前檐插廊，正面望去，大有重檐殿宇之势。殿高 12.4 米，面宽五间，进深三间。前檐铺作和梁架大部分构件为金元形制，柱头卷杀，斗拱疏朗，前檐每间设有补间铺作一朵，并且明、次稍间补间斗拱昂形各不相同。明间辟门，殿内减去明间金柱两根，扩大了观瞻祀奉的空间。梁架结构除了平梁以上后人稍做修改外，基本保留了元代的做法。

今日的晋祠已经不仅仅是专门祭祀叔虞的祠堂。但是，一提到晋祠，人们总是将其与唐叔虞联系在一起。祠中诸多有关叔虞封唐的联匾也印证着唐叔虞祠一直以来都是晋祠多元空间的核心。作为晋国宗祠，晋祠见证了三晋大地几千年沧桑变幻的历史，是三晋文化的重要源流。

图二二
晋祠唐叔虞祠山门明间

图二三
晋祠唐叔虞祠碑廊近景

（三）台骀庙新　水母楼起

1. 汾水之神与台骀庙

明代嘉靖年间是解读晋祠历史文化内涵的第三个重要的"历史性时刻"。台骀庙和水母楼的创建形成了晋祠的"多声部"，苗裔堂、鲁班庙、三圣祠背后不同村落、不同家族的人群共处一个空间，拓展了晋祠的包容性。

隆庆元年（1567）高汝行《重修晋祠庙碑记》中记载当时晋祠"庙凡有八：圣母祠、玉皇庙、三清庙、泰山庙、苗裔庙、台骀庙、药王庙、真君庙，皆有利于民者也，故祀之"。这一庙落格局一直延续到清乾隆时期。乾隆十三年（1748），太原知府周景柱到晋祠游玩，写有《太原晋祠记》，"今祠仍初名，而祠中为庙者八：曰圣母、曰玉皇、曰三清、泰山、曰台骀、曰药王、曰真君、曰苗裔堂。"

沿着圣母殿前的小路向南走去，一座面阔三间的殿堂依偎在圣母殿右侧，这便是祭祀汾水之神的台骀庙。此庙坐西向东，前有月台，从形制可以看出是主殿圣母殿的配殿。台骀庙由东庄人高汝行于明嘉靖十二年（1533）创建，明清时期的历次修缮都由高氏族人主持。新中国成立后，太原市文物管理所从东庄高氏手中接管了晋祠台骀庙，1956年始由人民政府投资重修。兴修之后的台骀庙依然保持着"碧瓦龙错，层轩鸟跂，飞檐前仰以向日，峻峦后屹而屯云"的景象。庙前宽敞，周围绕以短栏，古柏老槐，左右交荫，庙内正中供奉着台骀神像。真可谓"灵威神驭，气象肃然"。

台骀被尊为汾水之神由来已久。清代文学家朱彝尊在《游晋祠记》中写道："由唐叔迄今三千年，而台骀者，金天氏之裔，历岁更远。"晋祠地区的台骀信仰比较盛行。晋祠南五里的王郭村就建有台骀庙，创建年代不详，唐河东节度使卢钧将其改名为汾水川祠。后晋天福中石敬瑭封台骀为昌宁公，后人遂称其为昌宁公庙。宋朝又追封台骀为"灵感元应公"，并赐额"宣济"。官方的赐封背后，大致可以反映出民间对台骀信仰的推崇。

高汝行为何又在晋祠中另建一座台骀庙呢？相传，嘉靖年间（1522—1566）高汝行升任浙江按察司副使，在赴任途中乘舟横渡长江时遇到危险，幸得台骀相救才幸免于难。因此高汝行从浙江回到家乡，独自出资修建

图一四 晋祠台骀庙

了晋祠台骀庙。传说终归是传说，不足为信。清雍正八年（1730）高氏族人重修台骀庙时，高若岐在《重修台骀庙碑记》中明确指出了东庄高氏在晋祠修建台骀庙是为了报答台骀的"宣障之功"。碑文中记载："台骀能业其官，宣汾洮，障大泽……后人祀其宣障之功，祀以报之。"而台骀庙不建于东庄、建于晋祠的原因是"台骀泽为水之东汇，故建于其源头"。高氏久居的东庄原本是一片水泽，修建台骀庙是为了报答台骀给了他们这块安居乐业的土地，同时祈求台骀保佑他们不受水患。

2. 柳氏坐瓮与水母楼

从台骀庙向南看去，映入眼帘的是一座典雅别致的二层楼阁，这便是水母楼。这座小楼原名梳洗楼，又称水晶宫，坐西朝东，楼内供奉着"晋源水神"，即当地人所称的"水母娘娘"。明嘉靖四十二年（1563），乡民王文泰敦请善友杨廷才、道士程贞一，募缘聚材，建此楼于难老泉之上，相传此处为北齐时期所建的均福堂旧址。明清道光二十四年（1844）重修，现存的水母楼保存完好。这座楼阁的建立使水母进入晋祠的祭祀空间中，由此开启了一个与圣母有分有合的"水母时代"。

水母楼的建筑结构比较新奇，上下两层由两种不同的建筑样式构成，下层为砖砌北方式窑洞，上层则为木制楼阁。晋祠文昌宫主殿和昊天神祠后殿也采用了这种建筑样式。水母楼一层为券砌石洞3孔，一明两暗，中间石洞的前额挂有同治十三年（1874）御书"功资乐利"四字横匾，二层屋檐上挂有杨二酉书写的"悬山响玉"横额。洞内供有铜铸水母像，神像端坐于瓮形座位上，束发未竟，神态自若。这一形象来源于当地"柳氏坐瓮"的传说。吴伯箫在散文《难老泉》中用非常生动的语言讲述了这一传说故事：

传说在晋祠北边二十里地的金胜村，有一个姓柳的姑娘，嫁给了晋祠所在地的古唐村。她婆婆虐待她，一直不让她回娘家，每天都叫她担水。水源离家很远，一天只能担一趟。婆婆又有一种脾气，只喝身前一桶的水，故意增加担水的困难，不许换肩，折磨她。有一天，柳氏担水走到半路上，遇到一个牵马的老人，要用她担的水饮马。老人满脸风尘，看样子是远路来的，柳氏就毫不迟疑地答应了，把后一桶水送给了马。可是马仿佛渴极了，喝完后一桶水连前一桶水也喝了。这使柳氏很为难：再担一趟吧，看看天色将晚，往返已经来不及了；不担吧，挑着空桶回家，一定要挨婆婆的辱骂、鞭挞。正在踌躇的时候，老人就给了柳氏一根马鞭，

图一五

晋祠水母楼

叫她带回家去，只要把马鞭在瓮里抽一下，水就会自然涌出，涨得满瓮。转眼老人和马都不见了。柳氏提心吊胆地回家，试试办法，果然应验。以后她就再也不担水了。婆婆见柳氏很久不担水，可是瓮里却总是满的，很奇怪。叫小姑去看，发现了抽鞭的秘密。又有一天，婆婆破天荒允许柳氏回娘家，小姑拿马鞭在瓮里乱抽一阵，水就汹涌喷出，溢流不止。小姑慌了，立刻跑到金胜村找柳氏。柳氏正梳头，没等梳完，就急忙把一绺头发往嘴里一咬，一气跑回古唐村，什么话没说，一下就坐在瓮上。从此，水从柳氏身下源源不断地流出，流了千年万年，这就是"难老泉"。

前文已经提及圣母作为司水之神奉祀于晋祠之中，为什么人们还要祭祀同样主管水利的水母娘娘呢？实际上，这一现象与当地激烈的水源争夺有关。据史料记载，明中叶开始，晋水流域水利冲突事件日益增加，各个村落围绕晋水水源展开激烈争夺。万历十七年（1589）《水利禁令移文碑》中记载了一则斗争激烈的水案。这次水案的发生是因为弘治年间（1488—1505）北渠渠长张宏秀将民间夜水献于王府，导致"民间只得昼水，其夜水全无，水利微细不能遍及金胜、董茹等村"。金胜村村民柳桐凤为了争回被侵夺的夜水带领村民长期抗争。从万历十三年（1585）到十四年（1586），柳桐凤连续上告五次至太原县、分巡冀宁道、山西巡按御史、山西提刑按察使司等处。其中，第三次上告引用了晋水流域水母柳氏的传说，即称"晋祠圣母柳氏源头金胜村娘家回马水，军民轮流浇灌禾田，与王府并不相干"。传说水母楼中所祀的水母为金胜村人。因此，此楼的创建很有可能与位于北河末端的金胜村有关，他们建立水母楼是为了利用水母的影响力争取自己的水权。至今在祭祀水母的盛大活动中，还保留着金胜村人不到场，祭祀活动就不开始的规矩。

苗裔堂又称子孙殿，俗称奶奶庙。坐西面东，悬山顶，左倚朝阳洞磴道，右邻圣母殿，从全祠布局来看，实为圣母殿之左配殿。殿内奉祀子孙圣母，俗称送子观音，老百姓多来此祈求生育子女。创建年代不详，殿内有明代塑像19尊。堂内悬挂"赞化育"横匾一面，笔力圆润遒劲，若朔风历水，清波漪涟，是当地著名书法家杨二酉的得意之作。堂门柱上挂楹联一副："圣泽流芳，椒衍瓜绵时锡瑞；神灵毓秀，凤毛麟角永呈祥。"有子孙兴旺、祈求祥瑞的美好寓意。昔日这里香火十分旺盛，尤其是每年农历三月二十日苗裔神祭期。届时，远近男女全来晋祠苗裔堂前求子，并组织演剧、赛会活动。刘大鹏《退想斋日记》中有阎锡山的警备司令荣鸿胪在苗裔堂求得一子，为酬谢苗裔神演剧三日，并赠匾"保我赤子"之事。

从台骀庙向南走上二十余级石磴是公输子祠，又称鲁班庙。该祠始建年代不详，但殿内所悬木牌上记载，神龛是清雍正八年（1730）增建，全祠于乾隆二十五年（1760）重修过，并在殿前檐加"巧思入神"匾。每年农历十月十一日是晋祠一带工匠祭祀鲁班的日子，每到祭期，乡人及木、石、泥瓦三行的工匠们至祠前自发集资设酒肉祭祀，敬香参拜，祭祀结束后还会宴集于待凤轩。

因西周分封制而建的唐叔虞祠，历经大崇皇寺、兴安王庙、汾东王庙这一"单轨制"，到北宋天圣年间圣母殿"鸠占鹊巢"而为"双轨制"，再到明嘉靖年间水母楼形成的"多声部"，这些历史遗迹构成了晋祠的中轴线。乍一看，晋祠中的各种祠庙看起来有点儿散乱无章，但大体上可以分为四个部分。第一部分是从大门向西的中轴线，由水镜台、金人台、献殿、鱼沼飞梁、圣母殿以及北侧的苗裔堂、叔虞祠，南侧的台骀庙、水母楼、公输子祠等组成，主要反映的是宋元时期的历史；第二部分是北部的关帝庙、东岳祠、三清洞、文昌宫等道教空间，大体反映的是清代的历史；第三部分是南部的三圣祠、王恭襄公祠和晋溪书院；第四部分是最南端的奉圣寺。我们今天看到晋祠的多元空间是历史逐渐层累的结果。

三、悬瓮山下　仙阁紫垣

元朝开始晋祠内有了道教建筑，经明、清两代悬瓮山下逐渐形成了朝阳洞、老君洞、吕祖阁、昊天神祠、东岳祠等道教建筑群，它们随自然地形错综排列，以崇楼高阁取胜，构成了晋祠内部的道教空间。

（一）石洞茶烟　仙阁梯云

1. 朝阳洞·老君洞·云陶洞

沿着苗裔堂北侧的石磴向上攀登，便到达了道教的仙居福地。必经的石蹬为"七十二圪台"，迎合着道家"七十二福地"的说法，但如果我们细心观察的话，会发现台阶并非七十二级，而只有五十三级，据传这是因为不知何时工匠在翻修朝阳洞时弄错了比例，七十二级台阶就被改建成了现在的五十三级。登上台阶，回望俯视，层层殿宇，古柏苍松，祠中风景之胜，此居一焉！如果在一个月光皎洁的夜晚，在此俯视叔虞祠前的八角莲池，清辉淡淡，映月池中，冰清玉洁的荷花在微风的吹拂下随意摇曳，晋祠内八景之一的"莲池映月"便可尽收眼底。

顺着石蹬向上，首先进入眼帘的是朝阳洞。据说这里是日出时最先照到阳光的地方，故称此名，又因洞中供奉着道教神将王灵官，也称灵官殿。朝阳洞地势较高，游人多来此登临，文人墨客题诗作匾给这里增添了浓厚的人文气息。朝阳洞洞前覆盖飞阁，阁檐内外悬有"朝阳洞""别一洞天"两块横匾。神龛的门额上悬挂着一块"眼底壶天"匾额，为杨二酉晚年所书。相传唐朝宰相牛僧孺之子牛丛战乱时在晋阳避居，游朝阳洞时写下了"蹑石攀萝路不迷，晓天风好浪花低。洞名独占朝阳号，应有梧桐待凤栖"的诗句，后来真的有人在朝阳洞旁建起了待凤轩。邑人高一麟游朝阳洞时也有"我欲寄书邀海客，玉壶瑶馆醉飞仙"之句，恰如其分地诠释了此处别有天地的景致。新中国成立以前的朝阳洞，是地方士绅及头面人物们开会商讨问题的会议室，设有专人打扫看守。1915年为了管理修缮晋祠事务而成立的修祠工程局就设在朝阳洞中。

从朝阳洞南侧穿过小角门便是老君洞。此建筑为倚

图一六 晋祠朝阳洞
图一七 晋祠云陶洞

山开凿的三个石洞，坐西朝东，洞前香气浓郁的老皂角树，烘托出了这一道院古朴的氛围。据说洞中本来住的是道士，道光咸丰时期道士多不肖，于是当地人驱逐了道士，延请僧人主持事务，所以这里又称方丈洞。据传僧人住入此洞后，将原本老君祠前悬挂的道家楹联"人来此处居然脱俗，我坐多时似乎成仙"换成充满佛教意味的"卧石倚云无好事，焚香洗钵度余生"。石洞为一明两暗，明间门楣悬挂清同治元年（1862）金字横匾一块，书"云鹤仙仪"四字，字体工整清秀，中洞门口上方镶嵌着傅山所写的砖刻大篆"存无"二字，笔力遒劲古拙，堪称佳品。

朝阳洞北侧是云陶洞，初名朝阳别一洞，因傅山曾题"云陶"于洞内南壁而更名。"云陶"二字，取自《诗经·大雅·绵》中"陶复陶穴，未有家室"之意，前句定名，后句取义。据说康熙八年（1669）傅山参加反清复明斗争失败后曾隐居于此，他常在此煮茶会友，所以此洞又叫茶烟洞。茶烟与云霞缭绕，蔚为奇观，这便是位列晋祠内八景之一的"石洞茶烟"。傅山还在这里写下了许多妙趣横生的诗文和对联。如《宿云陶洞诗》："雾柳霾花老眼憎，云陶隐睡拨鸡鸣。晋祠三日无吟兴，只忆观澜智勇生。"最值得一提的是目前仍挂于洞门前的"日上山红，赤县灵金三剑动；月来水白，真人心印一珠明"楹联，后人揣测此联蕴藏着傅山对反清复明理想的坚持，首嵌二字日、月，合起来为"明"，下联更明确地表明自己始终心系朱明王朝。此洞曾一度沦为厨房，康熙年间太原知县万先登捐资将厨房移到别处，此洞才成为游客栖止之所。

　　开源洞位于朝阳洞与云陶洞中间。洞中供奉着财神，又称财神洞。洞内环境爽豁清幽，洞壁嶙峋，正中供奉的财神像与我们平常所见到的慈眉善目的财神像不同。据《晋祠志》记载："中系财神像，貌极狰狞，青绿脸，獠牙耸唇外，怪睛嵌眼中，对之可怖。"可能是为了警示人们不能因为一心求财而违背道德伦理。

　　出了云陶洞，走到路的尽头便是待凤轩，这是一间面阔三间的建筑，内部宽敞明亮，檐下"待凤轩"的匾额和"桐叶自当年剪得，凤凰于何日飞来"的楹联皆为杨二酉所书。传说光绪二十六年（1900）八国联军侵入北京，慈禧太后和光绪皇帝逃往西安，途经太原时，曾在待凤轩休息。

2. 三台阁·读书台·吕祖阁

从待凤轩前的石磴沿阶而上，自北向南依次是三台阁、读书台、吕祖阁，这三者是晋祠中所处位置最高的一组建筑。清光绪初年晋祠住持僧续昙募款修建了三台阁，三台为道教星官名，分为上、中、下三台。三台阁位置高峻，犹如凌空而建。张友椿曾在《晋祠志》稿上批曰："高台下瞰疑无地，朗月东来若可呼。"用来形容三台阁最贴切不过了。从阁上向下俯视，邻近静怡园中的美景便完整地展现在眼前，园中古树葱郁，鸟语花香，难怪人们常言"不登三台阁，不足以知其高；不至景宜（静怡）园，不足以知其景"。

三台阁右边是读书台，又名伴桐亭，明嘉靖二十七年（1548）由东庄高汝行出资修建。迎面前檐悬挂乾隆年间太原知县吴重光题写的画卷式"读书台"额，台前柱上挂有傅山之子傅眉所书篆体楹联"小架几函云锦艳，空床三尺雪丝凉"。亭内壁间有侍郎曹溶、太原县令吴重光的游晋祠石刻。晋祠当地人王崇本所著的《六疏遗稿》中曾提到，相传晋祠读书台为王琼年少时读书的地方。《北齐史·杨愔传》中记载，杨愔在悬瓮山中读书。所以也有人说读书台是杨愔故迹，后来被废弃后，直到明朝才

图一八 晋祠吕祖阁全景

又重新修建。刘大鹏则认为，王琼于嘉靖十一年（1532）去世，而读书台建于嘉靖二十七年（1548），离王琼去世已经有17年了，所以传读书台是王琼读书的地方，这种说法是无稽之谈，至于有人说是杨愔故迹，也是悬揣之词。

出读书台后跨廊慢行，便来到了吕祖阁。吕祖阁，阁三楹，左右配耳亭各一，阁内中间供奉着吕祖神像，创建年代不详，根据阁前右隅所立的《补建水磨碑记》可知早在清康熙三十八年（1699）之前吕祖阁就已存在了。这一建筑如同空中楼阁坐落于悬瓮山半山腰的朝阳洞之巅，在夏秋季节，空气湿润，吕祖阁上云雾缭绕飘逸，游人沿着石阶登临，如同腾云驾雾进入仙境，这便是晋祠内八景之一的"仙阁梯云"。清乾隆时太原知县吕槁源所书楹联"碧海青天长啸去，白云黄鹤朗吟来"，是对吕祖阁风光最生动的概括。

吕祖阁香火兴盛。康熙三十八年（1699），邑人高云中、高若昆父子二人捐资一百三十金，补建贞观碑碣旁的水磨，将所得的钱粮供给吕祖阁的祭唱活动。咸丰十年（1860），太原知县贺注恩、儒学教谕张居寿等官员捐资在吕祖阁新增灵签，共请了八筒签，灵签两筒、内科一筒、外科一筒、男科一筒、妇科一筒、幼科一筒、目科一筒。咸丰十年（1860）孟冬，晋祠四友堂赵琛、赵瑛、宁鹏年、张万年，四人敬尊吕祖甚虔，在吕祖阁中立石刻心经。旧时，每年农历四月十四是祭祀吕祖的日子，晋祠镇乡绅耆老会组织演剧、赛会三日，远近人民献牲醴花烛匾额者，踵趾相接，香火极盛。

（二）昊天神祠　东岳祠

1. 关帝庙·三清洞·玉皇阁

站在吕祖阁之上向东俯瞰，可以看见一座宽敞古朴的庭院，这便是晋祠中最大的一组道教院落——昊天神祠。昊天神祠为前后两进院落，前院主殿为关帝庙，后院上层为玉皇阁，下层为三清洞。根据嘉庆六年（1801）里人拔贡教谕胡其敬所撰的《重修玉皇阁三清洞关帝庙书名碑记》记载，乾隆三十八年（1773）山西布政使朱珪倡导兴修唐叔虞祠时，关帝庙在其左，玉皇庙、三清殿在其右。乾隆六十年（1795）扩建时在关帝庙旧址之上向后扩展了五米左右，模仿文昌宫下洞上阁的形制建造了一座二层的建筑，移祀玉皇于上，三清于下，将两者合为一处奉祀，也就是今天我们所看到的建筑布局。

进入昊天神祠山门，迎面的前院大殿为关帝庙。前廊檐上高悬"如天之平"横匾，此匾为清咸丰年间江苏韩宝绶撰书，意为与天同高，赞美关公高尚的品格。进入大殿后，我们可以发现神龛内的清代关公坐像与常见的关公红脸形象不同，殿中的关公为金色方脸，身穿黄色龙袍，威严肃穆，充分表现出他文武双全、英勇无畏的气魄。两壁及后墙上绘桃园结义、水淹七军等80余幅关帝故事图，契合了庙中祭祀关公的主题。

沿着关帝庙旁的小路徐徐前行，便来到了昊天神祠的后院。几棵苍郁的古柏屹立于宽敞的庭院中，最北面的二层建筑为主殿。主殿下层为三穴石洞，名三清洞，洞中供奉着道教三清。洞顶上部有砖砌仿木构斗拱出檐，明间额上嵌有清乾隆年间晋祠镇杨堉所撰"先天祖炁"砖刻横匾。三清洞之上的楼阁即玉皇阁，供奉玉皇大帝，原有玉皇大帝塑像及"玉皇阁"匾额，今不存。殿脊有琉璃瓦覆饰，飞阁前面及左右有廊可绕，游人登阁眺望，可深切感受这所道院的清静与玄妙。

图一九　晋祠昊天神祠
图二〇　晋祠东岳祠
图二一　晋祠三清洞与玉皇阁

2. 东岳祠

出昊天神祠往东，有一处由低矮砖墙围成的独立小院，这里便是东岳祠。东岳祠，创建年代不详，祠中奉祀东岳大帝，东岳大帝又称泰山神，因此东岳祠亦名泰山庙。院门是一座卷棚顶垂花门。院子正中有一方形单檐歇山顶的建筑，四周无墙，很像一座造型别致的凉亭，通常认为这是东岳大帝享亭或享殿。东岳祠正殿面宽三间，进深两间，单檐悬山顶，明间檐下悬"治明理幽"匾一块，殿内四壁绘有鼎镬锯台、刀山剑树、金银桥、酆都城、转轮台、狰狞恶鬼、凶恶判官等壁画场景。可惜殿内原有的东岳大帝塑像早已被毁，壁画也受到了严重的破坏。祠前所挂的楹联"举念时明明白白，毋欺了自己；到头处是是非非，曾放过谁人"，令人心生敬畏。刘大鹏在《晋祠志》中认为："晋祠地极其杂沓,斯祠之建，大有关于世道人心，非徒为之壮观也！"

晋祠当地祭祀东岳大帝的传统由来已久，每年农历三月二十八日为东岳大帝圣诞。《晋祠志》记载："晋祠镇乡绅耆老致祭东岳天齐仁圣大帝于东岳祠，演剧三日，献花烛者纷如。"东岳祠有专门的祭田来维持相应的祭祀活动，据乾隆四十二年（1777）五月杜懋功所书的《泰山庙祭田碣》记载，晋祠镇中堡北一社的郭首善、杜森、宁愚、刘桂四人为东岳祠安置了九亩土地作为祭田，将每年的田租贰拾两零五钱规定为东岳祠的祭唱费用。道光五年（1825）里人庠生胡守定所撰《东岳祠祭祀碑记》更加详细地记录了东岳祠的祭祀事项。嘉庆十八年（1813），因为修葺东岳祠没有经费，九亩祭田不得已卖了七亩，仅剩下两亩来满足日常祭祀供膳，祭唱活动因经费不足长期停办。道光五年（1825），里人在乡里募化筹钱，祭唱活动才日渐恢复。

四、智伯渠畔 书院贤祠

晋水出分水石堰后向南流的河渠为鸿雁南河，鸿雁南河流经仰止桥时，将东岸的晋溪书院与西岸的王恭襄公祠分隔开来，两大建筑皆于明嘉靖时因兵部尚书王琼而建。祠区北部智伯渠北岸的晋水七贤祠中供奉着儒家尊崇的七位先贤，其上文昌阁中供奉着象征文运的文昌帝君。这些建筑共同构成了晋祠的儒家文化空间。

（一）晋溪书院 王恭襄公祠

1. 晋溪书院

迈入古色古香的晋溪书院，穿越千年的历史回廊，莘莘学子吟诵四书五经的琅琅书声仿佛在耳旁激荡。晋溪书院原是王琼的私人住宅，初名晋溪园。王琼，字德华，山西太原人，是历经明朝成化、弘治、正德和嘉靖四朝的朝廷大员，他治理漕河、平定朱宸濠叛乱、总制西北边防，功勋卓著，后世将他与于谦、张居正并称为

图二二 晋祠晋溪书院正立面

"明代三重臣"。晋溪园依山环水、秀润清雅。悬挂于晋溪书院正门两侧的楹联"门前鸥鹭寻常客，镜里菱荷次第花"，引自明嘉靖时南京吏部尚书刘龙为王琼新筑晋溪园所赠的七律诗。据说晋溪园建成不久，王琼在晋溪园中闲居了一段时间，每日或在书房中吟诗弈棋作画，或在庭院中种菊修竹，还在园西亲手种植银杏树两株。他陶醉于山水之间，写下了"汾水故宫迷绿野，晋溪书院隔红尘。菡萏池塘蘋叶水，垂杨门俯稻花田。烟霞拍塞藏诗囊，鸥鹭将迎载酒船"的优美诗句。

明嘉靖十二年（1533）王琼去世后，其长子王朝立遵照父亲遗嘱，将晋溪园改建为讲文学书的学堂，更名为"晋溪书院"。院内有讲堂及供学子住宿的斋舍，讲堂中悬有二匾，一书《白鹿洞书院教条》，一书《程董二先生学则》。书院中本来建有晋水贤祠，祀豫让、李白、白居易、范仲淹、欧阳修等五人，后来被搬往他处。

明、清两代晋溪书院学风浓厚，治学严谨，明天启年间晋祠当地的举人李中馥曾求学于晋溪书院，清代大考据学家阎若璩也曾来此讲学。晋溪书院院舍宽敞，设备完善，也是当地乡试的重要场所。清道光六年（1826）太原县令负佩兰在县城后街创办了晋泉书院后，晋溪书院因生源减少、资费不济而日渐圮废。清末晋溪书院已年久失修，毁坏严重。民国时期又遭受日军破坏，到新中国成立前，书院房舍大部分早已倾颓。1992—1993年晋祠博物馆在原址依明清风格恢复了晋溪书院。这次修建在设计时查阅明嘉靖《太原县志》《晋祠志》等史籍的基础上，又参考了晋祠现存明清建筑特点，山西晋中地区书院、祠堂的形制。修建之后晋溪书院的整体建筑既保留了特有的清净、优雅，又能够在风格上与晋祠古老建筑浑然一体，给人古朴典雅之感。

2. 王恭襄公祠

从晋溪书院过鸿雁南河是王琼祠，王琼谥号"恭襄"，因此王琼祠又称王恭襄公祠。当我们走近王琼祠，祠门外左右两边高大的银杏树格外醒目，深秋时分，树叶金黄，蔚为壮观。据说这些银杏树是王琼亲自栽种，左雌右雄，已有四五百年的历史。祠前有一座石桥横跨于河渠之上，名曰"仰止"。穿过石桥，抬头可见门额悬挂着现代书法家赵望进补书的"山高水长"一匾。匾额中"山高"与祠前小桥"仰止"相呼应，"高山仰止"，表达出人们对王琼高尚品德的追慕。

进入大殿,中央的神龛中供奉着王琼像,悬挂于神龛檐柱上的木刻楹联"举朝汹汹,谁知讨擒宸濠,此事已付王新建;公论啧啧,试看总督甘陕,厥功何如杨应宁",是1907年王氏族人王惠主持修建时亲撰的,是对王琼一生平定朱宸濠之乱、总制西北边防等主要功绩的写照。祠内南北两壁与西壁神龛南北两侧均绘有壁画。南北两壁分别绘着王琼出巡与回归的场景,着色以蓝、墨、白为主,红色点缀。神龛北侧的壁画毁坏严重,南侧绘有一位站立的僧人。

晋溪书院和王恭襄公祠这两处建筑,分别代表着王琼作为儒家士人的两种生活状态,晋溪书院表现着他遭遇仕途不顺时,退隐故里,独善其身的理想归宿,王恭襄公祠则是他毕生积极入世、兼济天下作为的真实反映。

(二)晋水贤祠　文昌宫阁

1. 晋水七贤祠

沿着智伯渠,东岳祠以东有一座规模宏大的建筑,是为文昌宫。跨过河渠之上的锁虹桥可直抵宫门前,大门为一门两窗式,雕甍画栋,三叠四垂,门两侧辟月窗,造型精美别致。进入院中,靠后的一座两层建筑是主殿,下层的窑洞式建筑为晋水七贤祠。据《晋祠志》载"(七贤祠)初名晋水贤祠,祀五贤,在晋溪书院"。晋水贤祠原在晋溪书院,最初仅祀周代的豫让、唐代的李白和白居易、宋代的范仲淹和欧阳修五位先贤。乾隆三十八年(1773)移建之后,又增加了明代于谦和王琼的祀位,因此名为七贤祠。杨二酉在《晋水七贤祠记》中说:"(七贤)虽生不同时,居不同地,而大节鸿文、丰功伟烈,赫然在耳目之前,足为晋水光也。"所祀圣贤没有时间、地域的限制,他们或者是名臣义士生于此地,或者是诗人学者流寓于此,总与晋祠有一定的关系。建立七贤祠是出于道德教化的考虑。刘大鹏在《晋祠志》中说:"晋水之滨所祀七贤,志趣虽殊,要皆德不逾闲,行中规绳,言足以法于天下而不伤于身,道足以化于百姓而不伤于本也。"

2. 文昌宫阁

七贤祠两侧的石蹬可通往文昌阁,与晋水七贤祠一样,文昌阁也是乾隆三十八年(1773)从智伯河南岸移建而来的。最初的文昌阁为文昌祠,杨二酉《晋祠移建文昌阁碑记》载:"旧制祠于智伯河南岸,仅一楹。前为道院,旁则小屋数椽而已,无可观。"移建之后与晋水七贤祠共同构成文昌宫的主体。文昌阁中原供奉着文昌帝君像,左边是魁星,右边是禄神,现塑像已不存。乾隆四十二年(1777)夏五月,祁县人戴王命在文昌阁东壁书写《文昌帝君阴骘文》,"楷书大寸许,婉然芳树,穆若清风,严肃整齐,对之生畏"。文昌阁左右建有游廊,有额曰"诗榭"。清乾隆四十二年(1777)书法家杨堉将杨二酉撰写的晋祠全景诗书于墙壁之上,东榭题为内景诗,西榭题为外景诗,行书,字大如拳。《晋祠志》谓其字"错笔缀墨,势和体融,其曲如弓,其直如弦,矫然特出,邈邈翩翩,不可羁縻"。

文昌帝君为道教之神,主管功名、禄位、文运,在读书人心中有着极高的地位。《晋祠移建文昌阁碑记》载:"读孔氏之书者,靡不崇奉文昌,培文运也。"旧时,每年二月初三日为文昌帝君诞辰,晋祠、赤桥、纸房等周边村落的乡绅和儒生致祭文昌帝君于文昌宫,每

图二三　晋祠王恭襄公祠
图二四　晋祠文昌宫
图二五　晋祠文昌宫正殿

隔一年演剧一次，费用来自祭田所积盈余和大众筹款。祭祀仪式结束后，还会在文昌宫左侧的五云亭举办宴会，文人学士均宴集于斯，名曰衣裳会。

文昌宫西面浅洞内墙壁上镶嵌着傅山先生书丹《文昌帝君阴骘文》、柳南居士杨二酉题《补刻文昌祠祭唱题名记》及功德主名单。东面浅洞中央立有光绪时晋祠全景图石刻，此图为光绪三十二年（1906）晋祠镇增生牛一清所绘，他认为"晋祠全景，有诗无图，不足状晋祠胜概"。因此以杨二酉所题诗歌为根据，每首诗都绘出了相应的画面，一共十四幅，"第二图一图而兼三景，余皆一图一景"。此图不仅是难得的艺术珍品，而且是研究晚清晋祠沿革脉络的重要实物资料。

五、宝塔佛寺　舍利石经

祠区南部的奉圣寺、舍利生生塔与环绕在晋祠附近的上生寺、下生寺、雨花寺等佛寺，共同构成了晋祠的佛教文化空间，同时也是太原地区佛教文化圈的重要组成部分。

（一）奉圣佛刹　禅院净土

奉圣寺，又名十方奉圣禅寺，一名释迦厂，位于祠区南部，坐西朝东。刘大鹏在《晋祠志》中描绘："寺貌壮丽，地势宏敞，画梁绮栋，镂槛云楣。祠之右辅，最为形胜。"据说唐朝开国功臣尉迟恭晚年自感平生征战杀孽甚重，皈依佛门，兴建佛寺，延请高僧智满为住持，即奉圣禅寺。唐武德五年（622），李渊赐额"十方奉圣禅寺"，元皇庆二年（1313）王居实所撰《重修奉圣寺记》碑载："里中耆旧有能道之者，以为肇于李唐鄂国公尉迟敬德。"佛教中将东、南、西、北、东南、东北、西南、西北、上、下合称为十方。20世纪60年代晋祠文物保管所的张友椿认为："奉圣寺创建于李唐初年，晋祠是唐王朝建立时无数粉骨碎身的战士们的总出发点。李渊在此建寺为全体战亡义士总的荐福，所以额为十方奉圣禅寺"。

唐一代，奉圣寺"富贵尊荣，光华煊赫，常住广大，不言而可知矣"。金贞祐年间（1213—1217），蒙古军南侵，奉圣寺除正殿、中殿、法堂和宝塔外，其余建筑皆毁于兵火。元初在大愚智公禅师的主持下大力修缮，寺貌才有所恢复。据元皇庆二年（1313）《重修奉圣寺记》碑载："不数年修饰寺宇，焕然一新，兼置水碨、园圃沃壤，清规大为可观。儒书外典，靡不窥览，遐迩慕之。"明洪武二十四年（1391），圆觉禅师主管重修事宜，将明月、龙兴二寺并入，寺庙规模扩大。永乐十年（1412），圆觉禅师又在寺中增建了观音堂。嘉靖初年，山水暴涨淹没奉圣寺山门，奉圣寺建筑日渐倾圮。万历六年（1578），住持僧明性想要重修寺庙，但苦于力量不足，与乡老商议后，敦请土堂村净因寺无疑禅师倡众修葺，耗时两年，不仅修葺了旧有的大殿、客堂、山门等建筑，还补建了钟楼、鼓楼。万历十五年（1587），住持明珠禅师募资修缮，兴修后的寺庙"金像重辉，拓新规则，法堂耸峙。

图二六 | 图二七

图二六
晋祠奉圣寺
图二七
晋祠奉圣寺大雄宝殿正立面

奉大雄之殿，矫矫凌风，开罗汉之堂，泠泠照水。药师前启，护法旁翼"。乾隆四十九年（1784），全镇士庶共同树立了《奉圣寺产记碑》，核定了奉圣寺的水磨、田地等寺产，并且制定了关于寺产的规定。奉圣寺香火兴盛，有所谓"奉圣寺为本镇十方院，香火之盛，戒规之肃，甲于一邑"。

今天的奉圣寺主要由山门、过殿、大雄宝殿组成，这三部分是从三个地方搬迁来的。山门即景清门，由原来的晋祠山门迁建而来，创建于元代，为单檐歇山顶，面宽五间，进深四椽。大门正中悬挂着西河秦龙光1916年所题的"景清门"横匾，内外左右立有仿唐四大天神塑像。殿顶琉璃脊饰绚丽精美，为明代烧制。整座山门结构精巧，造型、手法总体保持着元代建筑的特征。过殿则从汾阳二郎庙迁来，又称弥勒殿，根据殿内脊槫下的题记可知，此殿创建于至元十七年（1280）。弥勒殿悬山顶，面宽三间，进深四椽，前檐出廊，廊柱粗壮，柱头卷杀明显，前廊柱头斗拱四铺作，当心间补间用45°斜拱一朵，次间外檐的补间与柱头铺作相同。殿内彻上露明造，平梁和三椽栿均为稍加砍削即用的草栿作法。木材用天然弯曲原木作主要的构架，体现出典型的元代山西地方手法。院内东、西两侧的碑廊中陈列着大小不等的100余块石柱，即唐武周时期的《大方广佛华严经》石经，是珍贵的国宝级文物。大雄宝殿是由太原东山马庄芳林寺迁来的，据《重修芳林寺碑记》载，此殿创建于宋熙宁二年（1069），明清时期屡有修葺。现大殿位于寺内宽阔的高台上，非常壮观，最有特色的是大雄宝殿脊顶的"狮象宝屏"，这一饰物与奉圣寺山门抱叉墙上的"团龙"同属明代琉璃工艺的佳作。

奉圣寺不仅建筑古典雄伟，院落布局也独具匠心。色彩斑斓的琉璃屋顶映衬在浓郁的苍松翠柏里，加上花卉点缀，为庄严肃穆的佛教庭院增添了几分清幽。寺庙布局为院落式，每进庭院均栽植花木，其中不乏古树名木，如弥勒殿前的柏树、楸树有约1300多年的历史，为特级珍稀古树。据《晋祠志》记载，当年尉迟恭亲手植下松、柏、杆、楸四株树，形成一个正方形，寓意李氏江山如松柏得保万世千秋，可惜松树和杆树今已不存在。奉圣寺内沿主园路两侧栽植牡丹数株，均为二级名木，有"魏紫""二乔""贵妃醉酒"等品种。这样的园林布局构造出"曲径通幽处，禅房花木深"的意蕴，将佛教的庄严气氛与园林的赏心悦目相结合，巧妙运用园林化的手法来渲染佛国的理想净土。此外，奉圣寺位置较为偏僻，避免了外界的车水马龙。悠悠的钟声，能够传播到很远的地方，洗涤着悬瓮山下尘世的浮华。

（二）宝塔披霞　琉璃神龙

舍利生生塔坐落于奉圣寺北部的浮屠院中。"舍利"是梵语，据佛经上说，2500多年前释迦牟尼圆寂后火化，众弟子在其骨灰中发现了许多晶亮透明、五光十色的珠子，坚硬如钢，称为"舍利子"。"浮屠"又作"浮图"，梵语，即"塔"的意思。舍利子作为佛门圣物一般都是供奉在塔中，称为舍利塔。此塔创建于隋开皇年间（581—600），宋仁宗宝元三年（1040）重建。现存建筑是清乾隆十三年（1748）晋祠南堡杨廷璿倡议重建而成的。根据《晋祠奉圣寺造舍利生生塔疏文》记载，重建之后的塔"七重八出，下广径十二丈，递削至端，高十五寻有奇。撑天柱地，颖透峰表，外饰琉璃，八窗玲珑，壮

图二八 晋祠浮屠院舍利生生塔

丽已极"。这次重修中，杨廷璿发现原先供奉于塔中的舍利子，由一颗变成了千百余颗，惊叹道："非舍利有灵，曷克生生不竭若是？"于是将舍利塔改名为舍利生生塔。

舍利生生塔是我国清代砖塔的杰作，在吸收印度塔特点的基础上融合了中国楼阁建筑的风格。整座塔为七层楼阁式，平面八角形，为了使塔基更加稳固、塔身更加突出，塔建在一个高 1.4 米的八角形砖砌基台上。塔基之下修有地宫，这是中国佛塔构造特有的部分。地宫是根据中国古代陵墓的方式创造的，而印度的风俗是不把舍利埋入地下，因此印度塔不设地宫。塔基之上为塔身，高 37.7 米，塔内设有楼梯可直登塔顶。内部的阶梯级数从下往上逐层减少，除了第二层为 26 级比第一层少了两级外，其他楼层的阶梯都是随着楼层的上升递减一级。塔身每层配镶琉璃檐饰，角檐上有风铃，微风吹来叮当作响，清脆悦耳。整个塔体的门比较多，第一层南向辟券门，第二层起每面设拱门虚实相错。每一层门额均有题字，除了第一层木刻大匾为杨廷璿所题外，其他六层四周拱门上都是雕砖大字匾，一共 25 块，均为杨二酉所

图二九

晋祠浮屠院舍利生生塔塔顶乾位琉璃龙

书。我国建筑学家梁思成、刘敦桢曾合著《佛塔概说》，在清代多层斗拱无檐平底砖塔条下说："山西太原县晋祠奉圣寺建的舍利生生塔，即属此式，平面八角，中空小室，梯级在壁中旋绕而上，全塔形制为太原永祚寺明末双塔的嫡派。"

2013年8月几名工匠在修缮舍利生生塔时意外发现的八条琉璃浮雕龙，被古建专家柴泽俊称为琉璃中的上乘之作。这一琉璃珍宝位于宝塔顶部，每条琉璃龙均由50块左右大小不等的琉璃瓦拼接而成，整体呈上窄下宽状的梯形式样，高约2米。在翠绿的瓦石上，黄色的琉璃龙蜿蜒飞舞，其间柏枝环绕、云彩飘逸。仔细观看，每条龙的情态各异，它们炯炯有神的眼睛、张牙舞爪的体态，活灵活现。八条龙分别布置在八个方向，因其所处方位与八卦中的乾、坤、震、巽、坎、离、艮、兑的八个方位一致，又称"八卦琉璃龙"。这八条龙中，有七条龙的龙首都是以侧面形象展示，只有位于乾位的琉璃龙龙首是正面形象，龙头直指悬瓮山。这条龙也是八条龙里做工最精美、保存最完好的，因而有"镇山龙"

之称。这八条琉璃龙环绕盘旋在塔的顶端,经历了260余年风雨的洗礼,至今仍色彩鲜丽、惟妙惟肖。

舍利生生塔不仅是晋祠佛教文化的代表性建筑,更为晋祠美景造就了不一样的风景线。张友椿在《晋祠杂谈》中说道:"在晋祠平面建筑群里,突然有此一种向空发展的立体建筑点缀,玲珑而挺秀,给人心理上产生了莫可言喻的精神爽致,其在组织、布局的调和协合上,是有相当价值的。"每当夕阳西下,满天绚丽的晚霞映衬着耸立的宝塔,场面极为壮丽,这就是被誉为晋祠外八景之一的"宝塔披霞"。

中篇：
建筑宝库 从殿堂楼阁到彩塑壁画

圣母大殿 营造法式
鱼沼飞梁 北宋神桥
凉亭献殿 以时祭享
彩塑壁画 传世名嚅

俄国作家果戈理说："建筑是世界的年鉴，当歌曲和传说都缄默的时候，只有它还在说话。"晋祠现存有宋、元、明、清至民国的建筑，殿堂楼阁类型多样，时代序列完整，布局独具匠心，堪称中国古代建筑艺术博物馆。其中圣母殿、鱼沼飞梁、献殿被誉为三大国宝建筑。

晋祠现存有宋以来的彩塑作品190余尊。从题材上看，有释道仙佛，有黎民众生；从造型手法上看，有传神写实，有虚构夸张。彩塑是晋祠文化遗产的重要组成部分，圣母殿宫娥宋塑与难老泉、周柏一起合称为"晋祠三绝"。

晋祠现存壁画12处，其中宋、元、明、清时期的壁画7处，今人绘古代题材壁画5处。风格上，晋祠壁画基本遵循着寺观壁画的范式，具有浓厚的宗教色彩。绘画技法上，采用传统的中国人物画的方式，以连环画的形式，将宗教题材的故事表现出来。人物造型惟妙惟肖、生动形象，场景描绘宏大壮观，细节刻画逼真明了。其中圣母殿"五彩遍装"彩画、水母出巡回归壁画、关羽生平故事壁画等尤为珍贵。

晋祠内外现存碑刻400余通，碑刻的作者大到帝王将相、封疆大吏，小到文人雅士、胥吏下民。文学体裁丰富多彩，有诗词歌赋、名人传记、祭文墓志、政府诏令等。内容涉及政治、经济、宗教、军事、农业、风俗等，是研究晋祠历史珍贵的地方文献，有着较高的史料价值和艺术价值。其中尤为珍贵的是《晋祠之铭并序》碑、《大方广佛华严经》石经、《太原段帖》。

一、圣母大殿　营造法式

（一）副阶周匝　柱的"侧脚"与"生起"

圣母殿是晋祠建筑群的主殿。位于祠区中轴线最西端，前临鱼沼飞梁，后倚悬瓮主峰，左右两侧有善利泉、难老泉两泉遥相呼应，坐西朝东，在全祠布局中处于独冠中居的地位。圣母殿是晋祠现存最古老的建筑，重檐歇山顶，面宽七间，进深六间，建筑规制很高。大殿"副阶周匝"、殿内"减柱营造"，是中国现存古代建筑中符合宋《营造法式》殿堂式构架形式的典型例子，堪称北宋建筑的典范。圣母殿在晋祠三大国宝建筑中价值最高，其价值主要体现在大殿的建筑形制、规格和构造方法。

圣母殿创建于太平兴国九年（984），崇宁元年（1102）晋阳地震后奉敕重建，元至正二年（1342）重修。1952年3月太原市文物馆馆长高寿田到晋祠圣母殿登记文物时，发现了宋、元时代的题记三则。这是考证圣母殿修建时间的重要依据。圣母像所坐的木椅下有宋人题记一则，计一百三十八字，文中言："元

图一

晋祠圣母殿

祐二年四月十日献上圣母，太原府人在府金龙社人吕吉等，今月赛晋祠昭济圣母殿缴柱龙六条，今再赛给圣母坐物椅。"[15] 圣母殿内东、西地面上，原有木雕行像两躯（现已收藏入库）。第一躯行像腹内装木牌题记，一百四十八字，为至元十九年（1282）之物。第二躯行像腹内也装纸地楷书题记一纸，一百四十五字。

  圣母殿面宽七开间，进深六间，采用重檐九脊殿，建筑规制很高。中国古建筑学里的"间"并不是说里面有多少个房间，而是看它外立面柱子中间有多少个空间。比如说八根柱子中间有七个空间就叫七间。古建筑用以表现等级的元素很多，比如间数的多少、台阶的高矮、屋顶的形制、斗拱的形制、油漆彩画的色彩等，但尺度和开间数是最核心的表现方式。按这个标准来看，圣母殿无疑规制很高。宋朝初年有工匠总结中国古建中单体建筑物都可以分为下、中、上三个部分来观察，以圣母殿为例，下部就是基座；中部主要是屋身，包括梁柱斗拱等构架；上部就是屋顶。这三部分有非常严格的比例关系，《营造法式》中有许多这类比例关系的计算方式，它们一方面保证了技术上高度的科学性和合理性，另外一方面又保证了视觉审美上的高度和谐。

梁思成、林徽因在《晋汾古建筑预查记略》中指出："晋祠圣母庙大殿，重檐歇山顶，面阔七间，进深六间，平面几成方形，在布置上至为奇特。殿身五间，副阶周匝，但是前廊之深为两间，内槽深三间，故前廊异常空敞，在我们尚属初见。"[16]圣母殿进深六间，但前廊保持了两间宽，这在古建筑中是比较少见的。在建筑学中，这种前廊的空间是一种过渡性的空间，介于室外和室内之间，称为灰空间。这也是圣母殿的特殊之处，可以保证内部空间足够开敞和通透。这种在殿阁主体外周加建廊屋的做法，被称为"副阶周匝"。古建筑专家柴泽俊指出："在我国现存古代建筑中，殿周围廊且前廊深两间者，此为最早实例。"[17]人们多在廊下祭祀，这样设计提供了宽阔的活动空间。同时，游人立足于廊下也可以欣赏周边的风景，从而更好地感受整个祠庙的气氛。

建筑学研究认为唐宋建筑有个特点——它的柱子不是很简单地垂直于地面，而是有变化的。仔细观察会发现圣母殿这八根前廊的柱子皆微微内倾，而且越往边儿上倾斜的角度越大，这并不是因为年代久远发生病变或

图二 晋祠圣母殿正立面示意图

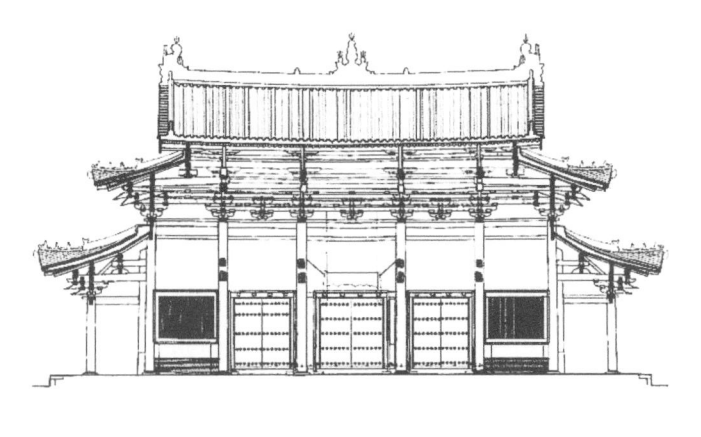

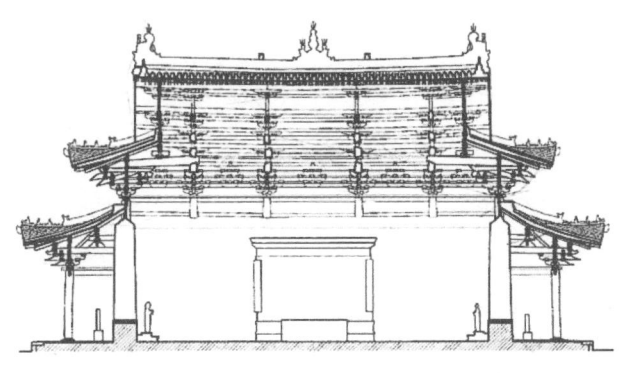

图三 晋祠圣母殿背立面示意图

图二 — 图三

者事故造成的，最初就是这么设计的。这种微微倾斜的方式在《营造法式》中有个专门的称呼叫"侧脚"。《营造法式》规定："凡立柱并令柱首微收向内，柱脚微出向外，谓之侧脚。每屋正面随柱之长，每一尺即侧脚一分；若侧面每长一尺，则侧角八厘；至角柱，其柱首相向，各依本法。"[18]圣母殿上层檐柱侧脚，与《营造法式》基本相符。这种建筑方法能够保证上部的梁架挤压得更加牢固，同时整个建筑轮廓也有一种微微往上收的感觉，显得更加端庄大气。

殿前廊的八根柱子由中间向两边逐渐增高，这种建筑手法叫"生起"。《营造法式》规定："凡用柱之制……至角则随间数生起角柱。若十三间殿堂，则角柱比平柱升高一尺二寸。（平柱谓当心间两柱也。自平柱叠进向角渐次生起，令势圆和。）……七间生高六寸，五间生高四寸。"据专家考证，圣母殿面宽七间，生起18厘米，上层檐面宽五间，生高12厘米，这基本符合《营造法式》中的规定。因为"生起"，圣母殿柱头上的额枋不是水平线而是两边起翘的弧线，这使屋檐更添灵动。

图四—图六

图四 晋祠圣母殿前檐蟠龙柱
图五 晋祠圣母殿盘龙柱
图六 晋祠圣母殿琉璃剪边脊饰

中国古建筑最好看的部分就是屋顶。《诗经》中"如鸟斯革，如翚斯飞"之句，把古建筑的屋顶比作鸟展翅翱翔的两翼，非常有飘逸感。唐朝时屋檐往外的尺度是最大的，宋朝开始逐渐缩小。圣母殿的屋檐就比唐代建筑稍微小一点儿，这也可以证明它是一座典型的宋代建筑。圣母殿屋檐曲线柔和优美，远胜于明清时期的建筑，屋顶由筒板布瓦覆盖，四周则是黄、绿、蓝三色琉璃瓦剪边。明嘉靖年间曾对大殿揭瓦维修，更换了全部吻兽脊饰和部分构件。现在我们看到的行龙堆花脊筒、剑把式龙吻、脊刹狮驮宝瓶皆为明代风格，造型精致，色泽艳丽，给人以富丽堂皇之感。

大殿前檐廊柱上雕有木制蟠龙八条，与圣母座后元祐二年（1087）宋人题记中"缴柱龙六条"的记载明显不合。1981年晋祠文物保管所所编《晋祠》一书中推测："如果不是天圣或熙宁间初建时已有两条，那么便是在崇宁年重修中又增加的。"[19] 蟠龙与柱身不是一木造作，而是在柱子制成安装后分段雕凿，绕周对接安装而成。自平柱到角柱，龙首两两相对，头上尾下，委婉盘曲，姿态各异，

图七—图八

图七 晋祠"永锡难老"匾额
图八 晋祠"永锡难老"匾额落款

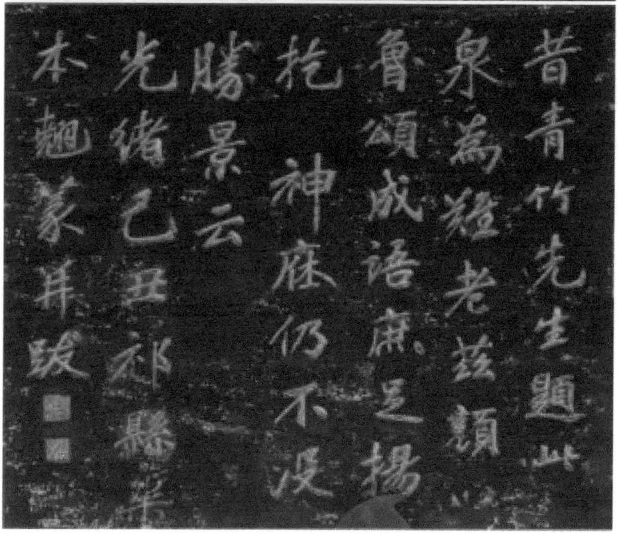

栩栩如生，或张牙舞爪，或闭目养神。柴泽俊指出："蟠龙柱之制曾见于南北朝时期石雕门楣倚柱之上，明清之际山东曲阜孔庙大成殿和山西解州关帝庙崇宁殿石柱上尚有制作。现存早期木构建筑实物中，圣母殿蟠龙柱为其孤例，堪称我国木雕蟠龙柱的先驱。"[20]这一非常罕见的做法，也给整个建筑增添了一种难以替代的鲜活灵气。

圣母殿前廊左边立有明天顺五年（1461）茂彪撰《重修晋祠庙记》碑一通，前廊的右边立有明隆庆元年（1567）高汝行撰《重修晋祠庙碑记》碑一通，都是重要的历史文献。另有一通小碑，光明如镜，也立于前廊右端，最为游人喜爱，即《罗洪先悬笔诗碑》："悬瓮山中一脉清，龙蟠虎伏隐真明；水飘火劫山移步，五十年来帝母临。"此外，前廊下还悬有匾额20块：圣母殿、惠普桐封、坤厚载物、惠泽长流、泽被河汾、灵源惠泽、惠流三晋、恩周万祀、万汇含孳、潜通元化、含弘光大、泽溥桐封、灵爽式凭、德洋恩溥、昭济显灵圣母、膏流碧玉、永锡难老、三晋遗封、惠洽桐封、桐封遗泽。这些匾额均为木制，内容主要是歌颂圣母恩泽民生的美德以及赞誉晋水。其中东北角朝西高悬有金字匾一块，系"永锡难老"四字，体为篆文，是清光绪十五年（1889）祁县渠本翘所书。

（二）减柱营造　彻上明造

圣母殿前廊较宽，内部空间不算特别大，它内部没有再设任何柱子，而是以殿身四周的廊柱和檐柱承托殿顶屋架，建筑学上称这一做法为"减柱营造"。殿内无柱，不但增加了高大神龛中圣母的威严，而且为设置塑像提供了宽敞的空间。"减柱营造"的应用也说明宋代工匠已经掌握了建筑学中的力学原理。

一般来说，这样等级的古代殿堂建筑会加天花板，但是圣母殿却没有任何天花板的遮挡。这种情况在《营造法式》里也有相关记载，不加天花板完全把上面靠近屋顶的梁架悬起来的做法叫"彻上明造"，这种构造对工匠的加工技艺有着更高的要求。梁架采用了"八架橼屋，六橼栿对前乳栿用三柱"的结构形式，是中国现存古代建筑中符合《营造法式》殿堂式构架形式的孤例。

斗拱是中国古建筑中非常有魅力的一种构件，由若干个散件拼合组成，它的功能就好像是人用一只手托举着整个屋檐，使屋檐能够向外面悬挑。从造型来看，每一组斗拱都像是一朵绽放的鲜花。在《营造法式》当中斗拱的单位不叫"组",而叫"朵",和花是一样的,是一个非常有诗意的量词。宋朝时,斗拱也称"铺作",一般按位置分为三种,柱头上直接放的斗拱叫"柱头铺作",在两根柱子之间把中间位置给补上的叫"补间铺作",放在角落的叫"转角铺作"。林徽因认为圣母殿斗拱的分配至为疏朗,尤其是在下昂的形式及用法上,是一种未曾得见的奇例。补间铺作的做法与正定隆兴寺摩尼殿相似,其豪放生动,更胜一筹。

圣母殿是古人留给后世极其珍贵的历史文化遗产,对研究我国宋代建筑和建筑史都有很高的价值。因此,无论后世怎么扩建晋祠,圣母殿都处在核心的位置。

梁思成先生曾经撰文《为什么研究中国建筑》,他认为建筑物是我们文化的表现,艺术的大宗遗产,如果有复兴国家民族的决心,我们便不能忽略中国建筑的研究。

清华大学建筑学院郭黛姮先生在晋祠考察时认为:圣母殿这个殿是很柔和的曲线,在其他地方几乎看不见

图九 — 图一〇

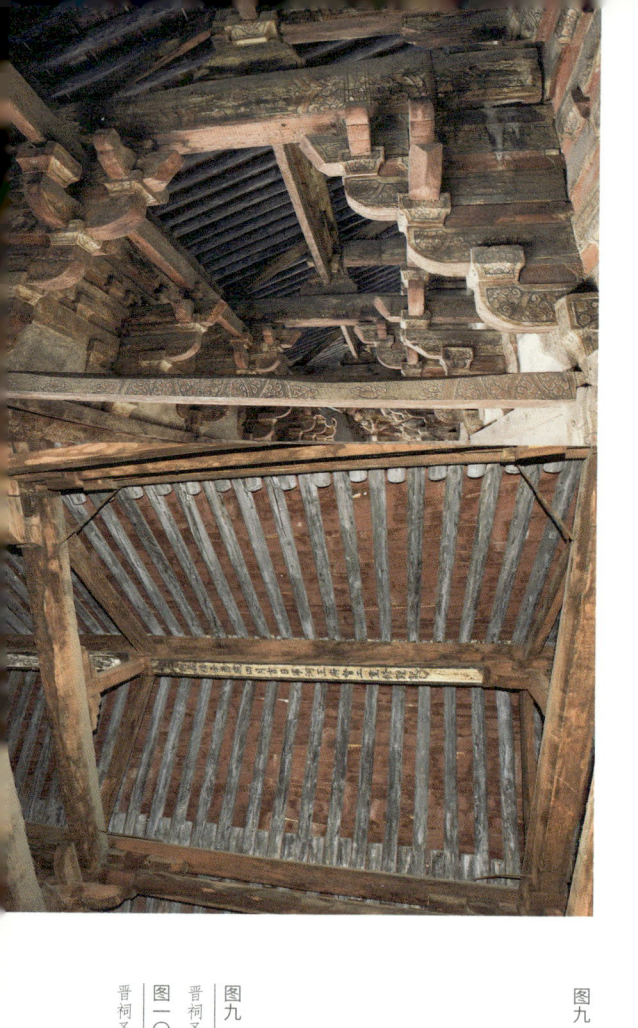

图九
晋祠圣母殿乳栿
图一〇
晋祠圣母殿脊部间枋明嘉靖题记

图一一 晋祠圣母殿二层前檐补间铺作
图一二 晋祠圣母殿二层檐转角铺作
图一三 晋祠圣母殿副阶昂嘴细部
图一四 晋祠圣母殿副阶转角柱柱头图
图一五 晋祠圣母殿檐部补间铺作
图一六 晋祠圣母殿柱头铺作里转局部

这种曲线柔和的风格。同时,圣母殿本身建筑空间处理也非常成功。按照它的构造方式,平面布局使空间扩大,可以容纳更多的人祭拜,把建筑经过一些特殊的处理可以满足功能上的特殊要求。作为礼制祭祀建筑,晋祠圣母殿是独一无二的。

二、鱼沼飞梁　北宋神桥

(一)鱼沼飞梁

鱼沼飞梁位于圣母殿与献殿之间。古人以圆形为池，方形为沼，池中多鱼，故名"鱼沼"；亦有"飞梁石磴，陵跨水道""架虚为桥，若飞也"的说法，故名"飞梁"。"鱼沼飞梁"就是跨在鱼池上飞跃的桥梁。这是一座全国现存仅有的孤例建筑。当年梁思成和林徽因夫妇来晋祠考察看到飞梁时，惊叹道："此式石柱桥，在古画中偶见，实物则仅此一孤例，洵为可贵。"[21]

鱼沼飞梁创建年代不详。郦道元《水经注》中记载："沼西际山枕水，有唐叔虞祠。水侧有凉堂，结飞梁于水上。"可见，早在1500多年前的北魏时期晋祠已建有飞梁，只是原貌已不可考。据刘永德《晋祠风光》载："1953年翻修鱼沼飞梁时所接触到的实际情况，发现圣母殿下的水洞和鱼沼西岸系唇齿密接，相依为命；再从整个布

图一七
晋祠鱼沼飞梁

图一八
晋祠鱼沼飞梁平台柱桩

局看：飞梁是圣母殿前四通八达的要道。由此分析判断，现存的鱼沼飞梁应该是在北宋时代与圣母殿同一时期兴工修建的。"[22]

飞梁是圣母殿前四通八达的要道，桥高出地面1.3米，东西长19.6米，宽5米，两端连接着献殿与圣母殿；南北长18.55米，宽4.91米，两侧做成坡桥下斜，与地面相接，四面结成"十"字形，可谓独具匠心。从祠区高处俯瞰，飞梁的形状就像一只展翅欲飞的巨鸟。桥面上铺有路砖，平整宽阔，桥边缀以勾栏，游人凭栏赏景，益增诗情画意。桥下鱼沼中立有三十四根方约34厘米的小八角石柱，覆盆式莲瓣尚有北魏遗风，柱头卷杀，柱上交以普柏枋，上置大斗，斗上有十字拱相交，以承梁或额。桥东月台上有一对铸造于北宋政和八年（1118）的铁狮，北侧为雌，南侧为雄，造型生动，神态勇猛，是我国较早的铁铸狮子。

（二）北宋神桥

明清时期，鱼沼飞梁曾多次重修。明隆庆元年（1567）

高汝行所撰《重修晋祠庙碑记》载:"嘉靖四十一年,宁化王府捐金督同把总杨宝等重修献殿神桥。"清代乾隆、道光年间又分别重修,清道光三十年(1850)《重修正殿前神桥碑记》载:"圣母殿前之神桥,即《水经注》所云之飞梁也。乾隆三十九年修葺一次,木石巩固,无虞倾圮。乃至今岁仲夏,大风倏作,吹折古槐,桥损大半,而殿前陟降之神路,遂断而不通。爰集众议合力兴修,不终仍复旧观。"从以上碑文中,我们可以知道当地人称鱼沼飞梁为"神桥"。

1953年,晋祠文物保管所主任刘永德主持翻修鱼沼飞梁,这次翻修基本确定了桥梁今天的外观格局。在对桥面的处理上,梁上置檩,然后密铺对剖松杉,杉上铺板,上铺油毡两层压以3:7白灰焦渣背,再用水泥砂浆抹面,上扣方砖。不仅如此,整个桥面从中心到四个方向都有所扩展,桥面更加宽阔,便于游人穿梭交通。桥面四周则钉刻水纹花阴博风板,防止雨水侵蚀梁枋等木构件。桥的边缘原本是砖砌短栏,当时考虑到游人安全和栏杆的长久稳固,遂改为汉白玉石栏杆,与圣母殿前的石栏杆相呼应。按照当时设计人员的想法,飞梁石柱上的梁枋结构可以尝试使用钢筋混凝土等新材料来代替木材,防止鱼沼中水汽经年累月对木构件的侵蚀。但由于时间紧迫，施工前已经将梁枋木材备齐，更改有一定难度，同时担心轻易更改材质有损古建原貌，故而作罢。以今日文物保护之理念来看，梁枋结构没有改用钢筋混凝土实乃万幸，否则飞梁的文物价值将会受到巨大损害。

鱼沼飞梁在结构设计上体现着一定的科学性。在受力方面，三层承重结构的设计保证了桥梁坚固稳定。34根石质桥柱呈十字形分行分排布列，这样排列受力点科学合理，这是鱼沼飞梁的第一层承重结构。卷杀的柱头上放置了一层普柏枋，依靠形体较大的斗连接了十字相交的木拱，这是鱼沼飞梁的第二层承重结构，其中十字形中部的十根石柱和普柏枋是最重要的承重点，四周的结构只是起相对支撑作用。斗拱上放置的是桥额，这便是第三层承重结构，其上承托着十字形桥面。这样的设计使得桥梁外形结构既简单轻巧，又坚固可靠。

在建筑史上，鱼沼飞梁是我们目前所知的孤例。刘永德曾极富感情地描述道："世界上桥梁多像'一'字，惟有者飞梁桥是'十'字形，头朝东尾朝西双翅开展，真好似大鹏鸟想要飞腾，桥边装石栏杆雕刻精细，倚栏杆观鱼跃风景宜人。"

清华大学建筑学院郭黛姮先生在晋祠考察时认为：鱼沼飞梁的做法非常巧妙。它不是个简单的梁，它是个殿前广场，是一个平台，是一个月台。当时的建筑师能够想到这样的办法是非常了不起的。他是选择在鱼沼的后面做殿，使祭拜的人通过这个殿时，在经过祭拜空间前，使他超凡脱俗，在到达神圣的场地前要经过一片水，这片水让他感到一切都超脱了，来到一个很特殊的地方，这样的艺术处理是非常成功的。

鱼沼飞梁是自然美和人工美相互融合的杰作，池内游鱼嬉戏成群，荷花含苞待放，池上桥梁形态奇异，犹如一只展翅欲飞的大鸟，两者搭配增添了一份诗情画意的古朴情调。它不仅在中国桥梁建造史上具有很高的借鉴意义，而且具有极高的美学价值。

三、凉亭献殿　以时祭享

（一）斗拱梁架

献殿位于鱼沼飞梁以东，是供奉祭品的场所，根据殿内脊部襻间枋上"金大定八年岁次戊子良月创建"的题记，可知它建于金大定八年（1168）。明万历二十二年（1594）重修一次，1955年依原建筑材料照原样进行了翻修。大殿全都用木头和卯榫结构连接而成，基本上保持着宋金时期粗犷朴实的建筑风格，为国内同期现存古建筑所独有，是晋祠三大国宝建筑之一。《山西古建筑通览》一书中说："中国的庙宇建筑，设祭亭、享亭、献亭、享堂、献殿等祭祀性建筑物者，不乏其例，然多系明、清所建，金代木构，为晋祠独有。"

献殿面阔三间，进深三间，前后当心间敞门，四周槛墙上安直棂栅栏，这种栅栏在《营造法式》中叫"叉子"。殿顶为单檐歇山顶，出檐深远。明万历年间重修时将屋

图一九 晋祠献殿

图二〇 晋祠献殿东北立面

图二一 晋祠献殿前檐下铺作

图二二 晋祠献殿梁架结构

脊和屋檐的弧度改成直线，变更了原来的坡势。殿顶布青瓦，用黄色和绿色琉璃剪边。雕花琉璃脊饰也是这次修葺时添置的，脊刹盒子内仍可见明万历年间的重修题记。整座大殿很像是一座凉亭，十分轩敞。殿内悬挂"献殿"匾额，书体端庄，气势雄浑，为金代原物。

在古代建筑史上，斗拱在唐朝时尺度最大，唐朝以后呈逐渐缩小趋势。献殿是金代建筑，但其斗拱保持相对较大的尺度，斗拱结构也比较疏朗，单拱五铺作，柱头卷杀，柱头铺作双下昂，补间铺作单拱单下昂。正面每间用补间铺作一朵，山面仅正中间用补间铺作。

梁架的设置也很有特点。梁思成、林徽因指出："献殿的梁架，只是简单的四椽栿上放一层平梁，梁身简单轻巧，不弱不费，故能经久不坏。"这样的梁架设置，既节省材料，又坚固轻巧。四椽栿和平梁较《营造法式》的规定偏小，但是经过八百多年的时间考验仍无变形，足以证明其结构的合理。

（二）祭祀殿台

《尔雅》云："致物于尊者曰献。"古人在尊崇的神灵之前一般会设置献殿，以表示对神灵祭祀的虔诚和敬重。献殿结构宽敞，相当于一个大供桌。晋祠中的献殿为祭祀圣母、水母时摆放供品的场所。《晋祠志》载："凡祀圣母牲善均献于斯。"每年农历六月十五祭祀水母时，总河渠甲还要在献殿摆设曾对总河作出贡献的官绅之木牌位以配飨之，其中包括太原府、阳曲县、太原县的六位官员以及当地士绅杨廷璿、杨二酉和杨云涵三人，共计九人。献殿在祭祀活动中发挥着重要作用，刘大鹏在《晋祠志》中说："神之前无献殿，则诚敬无以昭。惟其有之，斯足壮观瞻、申严肃焉。"直到现在，晋祠还保持着在献殿中摆放供品祭祀圣母、水母的传统。

戏台是中国非常重要的建筑类型之一，据冯俊杰先生研究："晋祠自圣母庙创建之日起，就拥有剧场，剧场的中心就是莲花台。实际上它是一座宋人创建的露台，具有祭祀和演乐两大功能。金代修起了献殿，分担了露台的祭祀作用，此后的莲花台主要用来上演戏剧。这情形经元入明而未变，直至明万历年间创建了水镜台，这才结束了露台的使命。后世分别以圣母庙水镜台、关帝庙钧天乐台为中心，形成了两大剧场；又以圣母庙献殿、唐叔虞祠献殿、东岳庙献殿为中心，形成了三个小剧场，庙外还有两座卫星剧场。这才满足了庞大庙群此伏彼起的赛社演剧活动的需要。"[23]晋祠从圣母殿创建之日起，为了配合相应的酬神活动，就建有戏台。最初的戏台为祠区中央的莲花台，它是一座具有祭祀和演乐两大功能的露台。金代修建的献殿分担了它祭祀的功能，此后的莲花台主要用来演剧。明代建立的水镜台，又取代了莲花台演剧的功能。清乾隆年间，晋祠昊天神祠前又新建了钧天乐台，晋祠逐渐形成以水镜台和钧天乐台为中心的剧场。

莲花台，今名金人台，位于会仙桥与对越坊之间。宋哲宗绍圣年间（1094—1098）创建，台中央的神龛为明代增建。《晋祠志》载："在祠中央，高可五尺许，纵横各四十尺，四面绕以砖栏。东西设阶以同陟降，中峙琉璃瓦小楼，高可丈许，榱题牖甍，均属雕琢。四隅序立镇水金神四，俗呼铁汉，各高五尺余。"

最初建造的莲花台是演戏的舞台。据史料记载，唐代没有舞台，民间戏剧表演多在"场园"与"乐棚"内进行。到了宋代，戏剧的演出开始登上了"露台"。所谓"露台"，即高出地面的露天舞台。莲花台就是晋祠中早期的"露台"。《晋祠志》引清代朱彝尊《曝书亭集》载："太原县唐叔虞祠西南隅，圣母庙阶下，铁人四，长九尺，分两行侍立。"据此可知，现立于台上的四尊铁人原来放置在圣母殿阶前，后来才移到莲花台上。这就更加确定了最初的莲花台上没有任何建筑和装饰，是演员们表演的专门场地。

台上的铁人为何而铸？有人说是为了镇水，亦有镇祠一说。这四尊铁人的铸造年代各不相同，东北角的原作已毁，现存实物为1913年补铸，虽铁质粗劣、做工粗糙，但造型丰满、保存完好；西北角的为北宋绍圣五年（1098）铸造，铁人的头曾被损毁，明永乐二十一年（1423）补铸；东南角的为北宋元祐四年（1089）铸造，因铁质较差，锈蚀溃烂严重，后世曾进行过多次补铸，现存实物之头是1926年补造的；西南角的为北宋绍圣四年（1097）铸造，这是四尊铁人中铸造水平最高、保存最完整的一尊。陈凤在《讲解晋祠》一书中分析说："铸铁中含有铬、

图二三

镍等合金成分，被誉为是宋代的不锈钢，同时采用了当时先进的拉皮腹膜、分部铸造的工艺。"这尊铁人反映了我国北宋时期炼铁和铸造技术的发达，是宋代冶炼技术、铸造技艺和军事服饰的实物资料。

造型艺术上，西南角铁人仿照天王塑像铸造，造型生动，怒目圆睁，奋力挥臂，站姿坚定稳健，从头到脚都显示了充沛的力量，威武勇猛，摄人心胆。铸造工艺上，采用拉皮硬模分部铸造工艺及分件组合铸造的方法，砂型的选择、透气的处理都极为精当，所以铸造出的金人工艺精湛，表面光滑，永不生锈，愈久愈明。

1986年夏《西游记》剧组到晋祠取景，铁人作为晋祠中的一大特色出现在了镜头中，在拍摄第18集《扫塔辨奇冤》时，白龙马被拴在了金人台上，台上的铁人成为了鲶鱼怪奔波儿灞与沙僧"捉迷藏"的掩体，历经沧桑的铁人通过这样的方式在大型影视剧中亮相，给人一种妙趣横生的感觉。

水镜台位于祠区庭院中心，与大门和圣母殿都垂直地排列于中轴线上，始建年月不详，但从建筑结构上看，当为明代建筑，是旧时酬神演剧的舞台。"水镜"两个字一般认为出自《汉书》"清水明镜"典故。此台坐东朝西，为平面方形，与圣母殿遥遥相对，规制上沿袭了元代乐楼旧制。这个水镜台很特殊，它不仅仅有一个舞台，它是由殿楼和卷棚拼接而成的，这两部分分别修建于明朝和清朝，但是很好地组合在了一起，体现出楼、台、殿、阁四种不同的建筑风格。屋顶尤其表现出其独特性，西半部是单檐歇山顶，东半部是很典型的重檐歇山顶。所谓"歇山"是造型比较丰富的坡顶，它会出现一个三角形的垂直断面，好像歇了一下。水镜台舞台部分的歇山顶没有正脊，上面一道弧线，显得十分柔和，这个叫"卷棚歇山"。这种建筑在国内极为罕见。

水镜台前台悬"水镜台"横匾，为杨二酉所书，被誉为"秀丽之笔"，该匾被后世冠以"晋祠三大名匾之一"的称号。后台悬匾额"三晋名泉"，是清代康熙年间武举人杨廷翰所书，刘大鹏曾评价该匾："体势遒劲，气象万千，迥异寻常之笔。"按辈分来讲，杨廷翰为杨二酉的伯父。杨家伯侄二人，一武一文，各题名匾，一东一西，同悬于水镜台上，为这座建筑增色不少。

图二四 晋祠水镜台

柴泽俊评价水镜台"是晋中一带唯一的一座明代乐楼"。在张庆亨的笔下,"水镜台是晋祠唯一的大戏台,它的式样古老,而建筑精巧,音波幽扬,一般戏台鲜能与比"。它的建立标志着晋祠拥有了真正意义上独立的戏台建筑。

传统习俗中,晋祠每年要举行数十次酬神演剧的活动,这些活动大都在水镜台上进行,唯有祭祀关帝是在钧天乐台。钧天乐台位于昊天神祠对面,坐南朝北,背临智伯渠,始建于清乾隆年间,是专为祭祀关帝演唱的戏台。乐台高 1.5 米,前台及两山围以低矮的石雕栏板。台前部为三面开敞的卷棚歇山式建筑,高 7.5 米。当地人为了区别先前所建的旧乐台水镜台,称其为新乐台。台上高悬当代学者张颔所书的"钧天乐台"横匾,"钧天"二字出自《列子·周穆王传》"钧天广乐,帝之所居"之句,"钧天广乐"意为天界的仙乐。刘大鹏描绘钧天乐台"背临智渠,筒瓦琲楹,倒映水面,影常逐浪东流。每当演剧,则笙簧丝竹之音,短唱高歌之调,洋洋乎无不铿锵而和谐"。1980 年,现代书法家王遐举为其书写的"音入妙时如蟾宫绝调，像传神处拟才子奇书"一联，生动形象地描摹出钧天乐台上美妙的音乐和演员传神的表演。

清华大学建筑学教授贾珺在讲解《千年一园看晋祠》时说："在中国完全可以和（意大利）圣马可广场相媲美甚至还略胜一筹的就是晋祠。晋祠不仅仅有众多建筑的形式，而且它相当于是六世同堂的大家庭，它囊括了更久远的时光，穿越了更长的距离，给我们呈现出了更丰富的由时间累计而成的历史文脉。"从一千多年前的北宋开始，历经金、元、明、清，一直到民国，这六个不同的历史时期，每个时期都有相当了不起的建筑留存到今天，而且包括了殿堂、亭台楼阁、窑洞等多种建筑形式，这种丰富性和参差错落的感觉极其难以替代，这是晋祠特别宝贵的地方。

四、彩塑壁画 传世名碣

晋祠祠区现存的彩塑、壁画、碑刻也是我国民族文化中绚丽多彩的艺术遗产。圣母殿中千姿百态的宫娥宋塑和罕见的"五彩遍装"彩画是宋朝工匠的艺术杰作；唐叔虞享殿中分立左右的乐伎像是元代雕塑艺术的珍品；水母楼中栩栩如生的鱼美人塑像和水母出巡回归壁画则表现了明朝时期的艺术风貌；关帝庙中的关羽生平故事壁画，故事连贯，画工精湛，为众多关帝庙壁画中的佳作；唐碑《晋祠之铭并序》以其年代久远和引领行书新气象而著称；同一时代的唐刻《大方广佛华严经》石经集唐初小楷之大成；清代的《太原段帖》铭刻着傅山的书法成就……这些国宝如同一颗颗闪耀的明星在晋祠的文物宝库中熠熠生辉。

（一）彩塑壁画

1. 宫娥宋塑与"五彩遍装"彩画

圣母殿中共有43尊泥塑彩绘塑像，除龛内两尊小像为明代补塑外，其余皆为北宋原物。分别为圣母像1尊，近侍的宦官像5尊，还有身着男装的女官像4尊，各司所职的侍女像33尊。其中，最具魅力的就是殿中33尊侍女像，在这里我们称其为"宫娥宋塑"，它与周柏、难老泉并称为"晋祠三绝"。

一进入大殿，迎门正对的主像是圣母，她头戴凤冠，身穿蟒袍，面容慈和安详，盘坐于木制方座上。33尊宫娥宋塑陈列于圣母左右，她们排列有序，仪表各异。这些塑像主要以人间世俗生活为主要题材，宫娥们承担着不同的职责，她们或负责洒扫清洁，或负责执掌文印，或负责伺候圣母的饮食起居，或负责奏乐歌舞……这是宋代宫廷"六尚制"（尚宫、尚仪、尚服、尚食、尚寝、尚功）的体现，对研究宋代宫闱生活具有重要价值。

宫娥宋塑还是研究宋代妇女衣冠服饰制度的形象资料。北宋服饰一般沿用唐制，宫娥宋塑的衣着，从头到脚，基本上属于晚唐五代时期的风格。塑像上身着装有冠、包髻、袄、襦、衫、褙子、半、霞帔等，下身着装有裙子、裤、舄等。这些女服都是圆领窄衣，帔巾缠绕，裙系于上衣外胸以下，是当时社会最普通的装束。其中有几尊塑像正面下垂绶带，上面附有不同形状的玉佩，可能是《宋史·舆服志》中记载的"玉环绶"。玉环的形制和绶带的颜色是侍女身份地位的重要标志。

宋元时期汉族妇女以高髻为美，所以高髻为当时的主要髻式，常见的形式有朝天髻、同心髻、盘髻、流苏髻、仙人髻及鸾凤髻等。33尊宫娥宋塑也基本上采取了高髻形式，她们有的将头发挽成一束或几束，层层盘旋后用簪钗固定于顶，即盘髻；有的将头发梳到头顶，先编成两个圆柱形发髻，然后将发髻朝前反搭，伸向前额，用簪钗等在下衬垫，使发髻高耸，即朝天髻；有的以金属丝编框，外蒙缯帛，四周插以珠宝花饰，藏在头顶，以簪固定，即宋代妇女中流行的假髻。值得一提的是，有一尊塑像头戴宝莲冠，据专家考证，这一装束始于五代后蜀时期。

这组塑像突破了神庙建筑塑像以神佛为主的传统，真实表现了禁锢于深宫中的宫娥的生活状况和精神面貌。在技巧上，大胆采用了现实传神的手法，将这些不同身份、不同年龄、不同性格的宫娥们塑造得有血有肉，栩栩如生。她们有的活泼可爱、天真无邪，有的沉默寡言、

图二五
晋祠圣母殿彩塑第一到第八尊（南区）

图二六
晋祠圣母殿彩塑第十四到第十八尊（南区）

图二五 — 图二六

老于世故，有的温文尔雅、楚楚动人，有的高傲冷艳、盛气凌人。正可谓举手投足之间，顿生姿态万千，凝神沉思之际，尽显世态人情。当代雕刻家钱绍武认为这组塑像是"北宋的现实主义雕塑杰作"，他撰文评价道："从中，我们看到了北宋社会的有血有肉、有喜怒哀乐的真实人物，体会到这些人之间的社会关系和由此产生的复杂心态和深刻个性，不管作者是有意或无意。我们同时也不能不表示叹赏雕塑家们的高超技艺，这种深入的个性刻划，这种微妙的造型能力在北宋以前是远未达到的。"[24] 雕塑艺术大师刘开渠教授也说，晋祠圣母殿四十余个宫女塑像，"各有各的特殊形象，身体的丰满与俊俏，脸形的清秀与圆润，其因性格和年龄大小而异，口有情、目有神、姿势自然，各呈现极不相同的思想情感。全身比例适度，服装鲜艳，衣纹轻快，随身体动作而转动。我们站在这些像中间，不但看见了他们轻巧的行动，彼此的思想感情，似乎可以听得见他们清脆的笑声，快乐的言谈，不乐意的小小的讽言讽语。这是人的社会，抒情的境界，美的世界"。

1958年著名京剧大师梅兰芳参观晋祠，曾对宫娥宋塑中的一尊微微低头的塑像情有独钟，据说这尊塑像正面看是含笑的表情，侧面看则有点像含悲的表情。他仔细品味这一神情变化之后，写下了"宋塑群像，体态轻盈。一颦一笑，似诉平生"的感悟。1959年郭沫若游晋祠时也留有一首脍炙人口的《游晋祠》诗："圣母原来是邑姜，分封桐叶溯源长。隋槐周柏矜高古，宋殿唐碑竞炜煌。悬瓮山泉流玉磬，飞梁荇沼布葱珩。倾城四十宫娥像，笑语嘤嘤立满堂。"这是对晋祠景物的高度概括，也是对晋祠宫娥宋塑的由衷赞美。2003年8月16日，国家邮政局为纪念太原建城2500周年发行了《晋祠彩塑》特种邮票，一套四枚，图案分别为奉玺侍女、歌舞侍女、如意侍女、持巾侍女，让更多人领略到了圣母殿宫娥宋塑的艺术之美。

　　圣母殿殿内南北两壁、西壁与内外拱眼壁、大门门额上的五方大型迎风壁外侧原来都绘有壁画，但因年代久远，墙体残损，大都毁坏严重，目前只有上层前檐拱眼壁和门额上的迎风壁尚存部分壁画。

　　上层前檐拱眼壁上"二龙戏珠""龙凤呈祥"的图案为明嘉靖四十年（1561）重修圣母殿时所绘，书题"卷云退晕"。

图二七 晋祠圣母殿第二十七尊彩塑（侍女像）全身

1994年曾对圣母殿壁画进行清洗、封护，技术人员从这一壁画边沿残损处发现，在两次间和两梢间八块拱眼壁上的明代画皮之下存有原来的北宋壁画。壁画色泽古雅，题材为海石榴、旋纹、卷草纹吉祥花卉等，采用的叠晕绘画技法和纹样色彩，均属宋代建筑彩画的内容，是《营造法式》中"五彩遍装"图案，为十分珍贵的宋代高等级彩画遗物。"五彩遍装"彩画是《营造法式》所录各类彩画中色彩最华丽的一种，一般用于宫殿等重要建筑。它要求建筑上的每一个构件都绘彩画，所绘图案有各种锁纹、花纹。在色彩应用上，采用朱、赤、黄、青、绿等多种颜色，以达到错彩镂金、轮奂鲜丽的艺术效果。同时，它是唯一可以用金的彩画，其珍贵程度可想而知。

大殿迎风壁外侧的五方迎风壁面，除当心间一方被后人抹成素壁外，其余四方均有壁画。壁画总面积39.95平方米，题有晋祠"中河渠长张""乙亥正德十年"等字样。据此可知此画为明人所绘，其画题为"十二溪仙赴蟠桃会图"。这些壁画线条流畅，以色线为多，画面设色以石青、石绿、赭石、朱砂为主。壁画题材相同，形象众多，构图有序。每幅图都有十余位仙人，他们个个造型丰满，神情自若，身着宽袍大袖，双手或持物，

图二八
晋祠圣母殿拱眼壁彩绘

图二九
晋祠圣母殿迎风壁南梢间壁画

图二八—图二九

或拱手于袖内。其中有二至三位仙人为凤冠簪花高耸、霞帔及地的贵妇打扮，其余诸仙的冠带装束皆较为简单。画中仙人们在天空中飞行，我们可以看到他们衣带被风吹起的样子，这一画法效仿了唐代著名画家吴道子"吴带当风"的手法。

2. 唐叔虞祠元代乐伎像

元代乐伎像陈列于唐叔虞祠内院落中部的享堂中，共十四尊，原保存在太原市大关帝庙中，新中国成立初期才搬迁至唐叔虞祠中。这组乐伎塑像高低不一，造型独特，堂内东、西两边各排列七尊，根据乐器划分，东边以管弦乐为主，西边以打击乐为主。如此规模组合排列的乐伎彩塑，在全国尚属孤例。

这组塑像保存现状大体完好，十四尊塑像中有两侏儒、两官吏四尊塑像，其余十尊为乐伎像。身材矮小的侏儒分别位于两边乐队之前作为引子，他们面容丰腴，表情严肃。乐队之尾是负责礼典的官吏，他们身着官服，各持与礼典有关的器物，身形年轻俊俏，面庞丰润清秀。其余的十尊乐伎像身体比例协调统一，表情刻画自然，体貌圆润，衣饰鲜艳，衣纹流畅，仪态端庄，体形丰满，演奏着笛子、琵琶、钹等乐器。

虽然这组塑像是从别处迁来的，但是安置在唐叔虞祠内的享

图三〇 — 图三一

图三〇
晋祠唐叔虞祠彩塑第六到第十二尊（享殿西区）

图三一
晋祠唐叔虞祠彩塑第十三到第十九尊（享殿东区）

堂中，彩塑时代和主题内容都与整体建筑非常协调。元朝是中国戏曲艺术繁荣发展的时代，这些元代乐伎像是元代戏曲艺术高度发展的实物例证，也是研究古代乐器及戏剧的重要资料。

3. 鱼美人塑像与水母出巡回归壁画

水母楼中的塑像分列于楼内上下两层。下层明间后部塑有水母坐瓮像，塑像作梳妆状，形象与民间传说"柳氏坐瓮"的形象相符；第二层泥塑彩像一共九尊，中间塑水母坐像，其余八尊侍女，分站两旁，鱼尾人形，造型独特，堪称佳品，是水母楼彩塑的精华。

水母楼上下两层的水母像形象迥异。楼下的为铜铸贴金水母像，她身形娇小，神态自若，身穿明式交领衣裳，和蔼地屈膝端坐于水瓮形的神座上，似乎正在安详地梳理头发，向我们展现了勤劳淳朴的农家妇女形象，仿若真人；楼上的则端坐于正中的神龛内，头戴凤冠，身穿蟒袍，面容安详，姿态端庄，是一副雍容华贵的贵妇形象。两尊神像基本保存完好。

除此之外，八尊侍女塑像分别立于楼上水母像的神龛两侧，各自负有一定的职责，有的专管饮食起居，有的执掌文印翰墨，有的负责礼乐舞蹈……她们个个姿态优美，形象奇异，正面看是体态端正的美人，背后看为生动美妙的游鱼，因此被称作"东方美人鱼"，是极其难得的艺术珍品。

这些"鱼美人"有几处显著的特点。其一，人物发式多样。有的梳高髻，有的梳垂髻，有的将头发挽于顶用乌纱遮住。其二，服装简洁朴素。塑像均为圆领广袖袍，衣物纹理清晰，宽长的衣袍好似微风吹过，飘然而动。其三，具有对称美。人物身份、队列、服饰、发式都沿水母这条中线左右对称呈现。这一排列既符合实际生活之要求，又具备视觉审美之要素。其四，人物面容兼具神圣与世俗之美。端坐中央的水母塑像塑造得神圣庄严，而位列两旁的鱼美人相对比较活泼，有着明显的世俗化倾向。其五，概念化的服装与写实性的头像相结合。塑像的服装皆为长袍宽袖，袍至下部变窄，衣纹皆为从上往下。塑像发式、面相等方面的刻画则明显更加写实。

这组雕塑作品体现了我国传统美学思想的"寓形寄意""意象以尽意"的特点，同时也塑造了中国传统审美所注重的神采和风貌。在雕塑手法上，继承了汉代朴拙技法的遗风，以这种我国古代雕塑人体专用的装饰性

图三二　晋祠水母楼第八尊彩塑（鱼美人）

和图案化的手法，灵巧地勾画了动中有静、静中有动的画面，塑造了灵活多变和寓意深长的美人鱼形象。著名雕塑家钱绍武先生曾评价："水母楼彩塑，工艺技巧一般，但构思精巧，设计神妙，是世界之最。尤其是八尊水母侍女，不像西方华沙美人鱼，人身鱼尾生硬组合。而运用中国独特的写意手法，整个美人身体如鱼形，在似与不似之间，与其说形似不如说神似，这种意到而笔不到的艺术神品，实在是西方现实主义、自然主义雕塑所望尘莫及的。"

水母出巡回归壁画绘于水母楼二层南北的墙面上，壁画总面积为 34.46 平方米，无题款。从绘画的风格、技法来看，应是明代原画。水母楼建于明嘉靖四十二年（1563），此画可能与建筑年代同时。

南壁绘水母出宫巡幸图。滚滚乌云意味着水母即将作法施雨，苍劲的古松迎接着她们。水母头戴花冠，用青巾遮护，顶戴玉锁，长裳及地，神态安详，双目凝神向下观望，好像在观察民间的水情，双手紧握如意驾云出行。水母前后有八位侍女围护随行，她们头梳高髻，脸型圆润，身着浅色长裳，各自分别执有玉笛、鲜花、玉马、灵芝、画轴等器物，整体画面构图匀称，气势恢宏，人物造型生动逼真。

北壁绘水母回归图。这幅图中乌云大减，大有雨后初晴的祥和气象，水母立于水波之上，手持念珠，面露喜色，似乎在为甘霖解民之困而欣喜。图中人物的衣冠装束与南墙所绘相同，围护前后的侍女所持的器物发生了细微的变化，有的打着宝幡，有的背着花瓶，有的捧着宝鼎，有的捧着香炉。

南北两壁人物数目未变，画面形式基本相同，壁画主题也都是以表现水母为主的，场面宏大，展现水母的"一出一回"，十分对称均衡，整个画面设色以青、绿、墨、白为主，黑白广布、青绿点缀，朴素而典雅。绘图用黑色退晕、绿色减淡的画法，这与明代水墨画盛行的背景有关。

4. 关羽生平故事壁画

关羽生平故事壁画绘于关帝庙大殿内东、西两壁及北壁的神龛两侧，共80幅，是清嘉庆四年（1799）由当地精于画工的杨容所画。这些壁画以连环画的形式呈现，故事连贯，情节生动，画幅之间不施界格，以山水云树隔绝，穿插布列，每幅画面主题突出，并加标题点名。内容基本依据《三国演义》中关羽的

图三三　晋祠水母楼二层南壁壁画

图三四　晋祠水母楼二层北壁壁画

图三三—图三四

故事而作，每座墙壁的壁画均由下、中、上三层组成，以关羽生平故事顺序观看依次为东壁下层、北壁下层、西壁下层，东壁中层、北壁中层、西壁中层，东壁上层、北壁上层、西壁上层。

东壁下层八幅壁画讲述了诛凶、初会、结义、投军、敬马、斩程远志、破贼、尹平原等故事，北壁下层六幅壁画讲述了鞭邮、遇瓒、斩雄、三战、论英雄、大战典韦等故事，西壁下层八幅壁画讲述了擒忠、捉岱、射鹿、聚议、战曹仁、约三事、入许昌、待旦等故事。

东壁中层八幅壁画讲述了封侯、下马金、上马银、大宴、赠马、白马解危、诛文丑、示别等故事，北壁中层六幅壁画讲述了辞曹、饯行、独行千里、第一关、第二关、第三关等故事，西壁中层八幅壁画讲述了斩卞喜、斩孔秀、送文聘、斩秦琪、收仓、斩蔡阳、古城聚议、让徐州等故事。

东壁上层十二幅壁画讲述了见贤、三请、屯新野、博望、烧屯、当阳桥、华容道、战黄忠、会周瑜、河梁会、坐荆州、雄州等故事；北壁上层十二幅画中，除一幅无标题，故事不详外，其余十一幅壁画讲述了省书示宾、拥荆州、索荆州、威震华夏、会鲁肃、单刀会、求婚、辞婚、许三郡、讨荆州、封五虎等故事，

图三五　晋祠关帝庙东壁壁画「结义」

图三六　晋祠关帝庙东壁壁画「白马解危」

图三七　晋祠关帝庙北壁东次间壁画「会鲁肃」「单刀会」

西壁上层十二幅壁画，有一幅标题剥损不清，故事不详，其余十一幅讲述了围樊城、宁四川、淹七军、囚于禁、擒庞德、取樊城、显圣、玉泉山、盐池、斩蚩尤、东昌府等故事。

晋祠关帝庙中这组壁画是众多关帝壁画中的佳作。首先，壁画主题突出，80幅画都与关公事迹有关，画中场面设计宏大，界限分明，布局合理；其次，刻画生动细腻，人物众多但形象各异，故事衔接紧凑；最后，壁画的着色主要以青、绿、黑、白、赭五色为主，朱色仅用来点缀，画风典雅，善用色彩对比，偶用沥粉。这些壁画保存完整，画面大多清晰可见，色彩仍然光鲜亮丽。

（二）传世名碣

1.《晋祠之铭并序》碑

《晋祠之铭并序》碑陈列于祠区北部的贞观宝翰亭内，由唐太宗李世民撰文书写，又称唐碑。很多书籍中都说《晋祠之铭并序》碑一开始就竖置在晋祠贞观宝翰亭中，其实不然。根据《元和郡县志》记载："晋祠碑，在乾阳门街。贞观二十年，太宗幸并州所置，御制御书。"光绪《山西通志》也有记载："唐时，城址(指晋阳城)近临晋祠，故记谓晋祠铭，亦在乾阳街。

宋人一炬之后，太宗书幸存，其余名迹俱为灰烬矣。"当代学者张德一以这两条史料为依据，认为《晋祠之铭并序》碑的故址在晋阳古城乾阳门街，北宋太平兴国四年（979），赵光义焚毁晋阳以后才搬至晋祠。此说法似有一定的道理。

唐碑在贞观宝翰亭内东边，全碑总高度为1.95米，宽1.2米，厚0.27米。碑额为半圆形，左右各雕螭首一对，螭首并头下垂，互相盘结，后爪向上翘起上捧宝珠，中间留出圭形之额，显得非常雄伟，这也是唐代碑额的共性特点。碑文开行书入碑的先河，全文共1203字，分为28行，每行44至50字不等，序文1003字，为骈体，铭文200字，为四言体。碑阴列有长孙无忌、萧瑀、李勣、张亮、李道宗、杨师道和马周等七位随行功臣的官衔和姓名。值得一提的是，碑阴和碑侧还有唐以后不同时代的题记，宋代居多，据此我们可以知晓北宋时期王安礼、曾布、王舜臣等达官政要到访晋祠的经历。

碑文整体结构严谨，层次分明，铿锵上口，措辞优美，表现出唐太宗李世民深厚的文学底蕴。主要内容是赞扬唐叔虞的威德,歌颂唐王朝的统一大业,同时还赞美了晋祠美丽的山水风光。此文也包含着李世民的政治意图,通过歌颂宗周政治、唐叔虞建国史迹以达到宣扬唐王朝文治武功、巩固统治的目的。李唐王朝与晋祠有着特殊的联系,李渊父子太原起兵时曾到晋祠唐叔虞前祈祷,以此为起点夺得天下。李世民在《晋祠之铭并序》中写道:"先皇袭千龄之徽号,膺八百之先期,用竭诚心,以祈嘉福。爰初鞠旅,发迹神祠。举风电以长驱,笼天地之遐掩。一戎大定,六合为家。虽膺箓受图,彰于天命;而克昌洪业,实赖神功。"

《晋祠之铭并序》碑不仅是一篇歌功颂德的美文,也是一部书法精品。唐太宗李世民酷爱书法,尤尊"二王",他对王羲之的《兰亭序》更是细心揣摩,勤于临摹。《晋祠之铭并序》碑是李世民心摹手追王羲之墨宝的得意之作。《旧唐书》记载,贞观二十二年(648)新罗国王真德派遣使臣来朝,李世民曾将《晋祠之铭并序》的拓片作为国礼赠予外国使节。此文书法神气浑沦,变化多端,整体浑然天成,笔画结实爽利,无做作之态,实开八大山人之行楷书先河。其中"之"字就有38个,写法各异,千姿百态;螭首额"贞观廿年正月廿六日"九字,为典型的飞白体隶书。"飞白"是枯墨用笔的一种书法艺术，八分（隶书）之轻者，用渴笔为之，浅如流露，浓若屯云，轻微不满，略露（飞）其白，故名。相传是东汉书法家蔡邕受到工匠用帚蘸白粉刷字的启发创造的。李世民以飞白所书的碑额，传世者仅此九字，弥足珍贵。

历代对此碑评价甚高。清人杨宾在《大瓢偶笔》中评论："今观此碑，绝以笔力为主，不知分间布白为何事，而雄厚浑成自无一笔失度。"清人钱大昕赞叹道："书法与怀仁《圣教序》极相似，盖其心摹手追乎右军者深矣。"清人王佑作诗赞之"平生书法王右军，鸾翔凤翥龙蛇绕，一时学士满瀛洲，虞褚欧柳都拜倒"。朱彝尊五游晋祠对唐碑赞不绝口，借用杜甫诗句"文章千古事""社稷一戎衣"为唐碑亭作楹联，颂扬此碑。刘大鹏也评价："字极精致，妙绝千秋，风格秀异，若干将出匣，光芒射人。至碑额九字，尤为绝妙之书。飘若有云，激如惊电，飞仙舞鹤之态，殆有类焉。"

《晋祠之铭并序》碑是一篇集史学、文学、政治、书法价值于一体的旷世之作。它既是研究唐朝历史和唐

图三八 晋祠《晋祠之铭并序》碑

太宗的重要史料，又是研究唐代书法艺术极其珍贵的文物。张友椿认为："这碑铭，文章仿自庾信，书法摹诸《兰亭序》。体系四六，字是行书，骤然讲读殊非易事。"郭沫若在"宋殿唐碑竞炜煌"的诗句中，将唐碑与国宝建筑圣母殿相提并论。这通唐碑经历了1300多年的沧桑，以其深邃的历史价值、神奇的艺术魅力，为后世留下了一笔宝贵的财富。

2. 晋祠唐刻《大方广佛华严经》石经

晋祠唐刻《大方广佛华严经》石经陈列于奉圣寺前院南北两侧的碑廊中。因原来藏于离晋祠约十里的风峪沟口外的风洞内，所以清代以来又称为《晋祠藏风峪华严石经》。《大方广佛华严经》简称《华严经》，是释迦牟尼成佛后宣讲的第一部经典，被誉为佛教一切教法的根本法论。"大"谓旷兼无际，"方"谓正法自持，"广"谓称体而周，"佛"谓觉斯玄妙，"华"喻功德万行，"严"谓庄严果地，"经"乃注无竭的涌泉、贯玄凝的妙义、摄无边的海会、作终古的常规。

圣历二年（699），武则天请于阗国高僧什刹难陀到东都洛阳，译成八十卷《华严经》，并为之亲自作序。令当时著名的诗人宋之问协办，吕仙乔等多位书法家镌刻，共镌刻了石经一百余幢。对武则天立石刊经的原因目前有两种说法。一说是为了完成其在法华寺（开化寺）大佛像前许下的"刊经藏寺"的心愿；一说是当时晋水变赤，认为是不祥之兆，刊经是为了祈福祛灾。五代十国时期，石经损坏严重，北汉天会四年（960）睿宗刘钧又组织人员补刻。据相关专家考察判断，这部石经在刻成之后就被安置到了太原西山风峪沟口外的风洞之中未曾外传，风洞保持着初唐以前的古建风格，很可能就是专为贮藏石经而建的。

清代著名学者朱彝尊曾慕名到风洞中参观，他的《风洞石刻佛经记》载："太原县之西五里，有山曰风峪，风峪之口风穴存焉。相传神至则穴中肃然有声，风之所从出也。愚者捧土塞穴，建石佛于内，环列所刻佛经，凡石柱一百二十有六，积岁既久，虺蝎居之，虽好游者弗敢入焉。丙午三月，予至其地，率土人燎薪以入，审视书法，非近代所及，徘徊久之，惜皆掩其三面，未获纵观其全也。"他参观石经后，还写了一首诗："一百二十六，石柱刻作经。会须抉风峪，移置水边亭。"将这批石经移藏于晋祠一事的首倡者是朱彝尊。据朱彝尊所著《曝书亭集》记载，他发现佛经石柱后，曾去太原与王道行、曹溶商议，打算将石经搬迁至晋祠筑亭贮之，但最终没有得到当地官员同意，不了了之。后来他的好友周在浚任太原知县，他还送了一篇关于石经的诗，诗云"峪藏千佛经，遗迹久未坏。吾初见之喜，力欲抉幽寨。徙置叔虞祠，琳琅等金薤。事惟虑始难，谋以薔疑败。好奇君过我，试往破天械。筑亭古柏交，移石秋阳晒。广拓九万笺，流转都市卖。即事良可传，居卑莫深喟！"又有《寄周参军在浚》诗云："风峪石经无恙否？何时徙置剔苔斑。"朱彝尊对这批石经念念不忘，关怀备至，字里行间，情见乎词！1936年夏，襄垣李庆芳与赤桥刘大鹏等人也有将石经迁到晋祠的计划，旋因他故未及实行。

抗日战争时期，日军将大部分石经盗挖出洞外，这批沉睡于地下的珍贵文物重新进入了大众视野。日军占领太原后觊觎管辖区内的文物国宝，企图将这批石经运往日本，幸有当地民众奋力抢救，才避免了这一国宝的流失。石经随后被转运到唐叔虞祠中保存。1952年夏，晋祠古迹保养所所长刘永德到太原风洞考察，将暴露于积土上的三通石经运回晋祠，并与张友椿等人邀请省佛教协会象离法师对存放于晋祠的华严经做了较为细致的整理，根据善本《华严经》逐一校对，确定了这批华严石经为唐代"八十华严"而非东晋"六十华严"。

20世纪80年代整修晋祠十方奉圣禅寺，石经在寺中两侧的碑廊中安家落户。晋祠博物馆对这批文物的保护和整理工作也极为重视。1994年3月成立了"华严石经整理组"，由当时的副馆长胡春英担任组长，聘请我国书法名家王鸿宾参与指导，对石经进行调查整理，这是迄今为止对石经进行过的最全面、最系统、规模最大的一次调查整理工作，出版了石刻选本《晋祠华严石经》。2012年晋祠博物馆再次对石经进行彻底整理，重新修建了奉圣寺碑廊，将全套石经完整展出。

晋祠《大方广佛华严经》石经是我国石经雕刻史上珍贵的文物，也是研究我国佛教文化的重要资料。它是唐译"八十华严"传世最古老的石刻祖本，遗留着译成之初的原始痕迹，是后世流传最广、影响较大的华严经本。石经中有的重要题记为研究隋唐佛教史提供了珍贵资料。此外，在石经中可以看到19个武

图三九｜图四〇

图三九　晋祠唐刻《大方广佛华严经》石经碑廊近景

图四〇　晋祠唐刻《大方广佛华严经》石经碑廊

周时期的新造字，这些武周新字字数较为齐全，结构笔画也比较准确可信，对研究武周时期的文化发展和政治变革都有重要意义。同时，石经中的古体、异体、缺笔避讳等字，也是研究古代文字演变的重要资料。

这批石经也是我国唐代书法艺术的珍品。石经上保存了大批字径2厘米左右的小楷书作，且不是出自一人之手，书法风格千差万别。有的笔圆体方，外柔内刚，颇有虞书神韵；有的方正稳健，用笔舒展遒劲，颇有欧、褚风骨，而无拘谨之气；还有的行气、结构含蓄，顿提旋转，藏露有致，颇有小楷《乐毅论》、行书《兰亭序》等右军笔意；有的雄强深厚，刚劲有力，竖画有向内折钗之势，为后来颜体的雏形……也有隶书与楷书并存的，但更多的是大量精美的楷书字迹中参以隶魏笔意，功底深厚，法度严谨，堪称唐精美小楷的荟萃。

清末金石学家叶昌炽在《语石》中论及太原碑刻时说："太原虽省会，属邑方之，蔑如也。世所常见者，惟太原之《晋祠铭》，其次则《风峪石经》也。"将风峪石经评价为仅次于《晋祠之铭并序》碑，反映出时人对石经的推崇。我们有理由相信，随着时间的推移，晋祠《大方广佛华严经》石经这一佛教文化瑰宝、三晋古代书法艺术宝库中的重要遗存，必将会引起更多海内外书法家与佛学家的重视。

3.《太原段帖》

《太原段帖》，也称《段帖》，是清朝时期太原段𨨏收集傅山书法墨迹并亲自摹勒上石刊刻的一部傅山个人刻帖，现存于晋祠翰香馆碑廊中。此帖的刻录始于康熙二十二年（1683）春，耗时两年告成。《段帖》分元、亨、利、贞四个部分，共26块，全部由段𨨏用双刀直切法精工摹刻而成。另有段𨨏所书跋一块，民国时期晋泉县知事常毅夫撰文、太原张秉文镌刻《段帖刻石保存记》一块。原石为青石质，横向刻，高约三十厘米，长短不尽相同。

要了解《太原段帖》，就必须先了解摹刻者段𨨏。段𨨏，字叔玉，太原晋源人。《太原县志》称其"博通经史，潜心古学""工楷法，尤善镌刻"。康熙十三年（1674）段𨨏在太原晋祠刻石时，结识了傅山之子傅眉，于是拜于傅山门下，从傅山父子习书及双钩摹勒，深为傅山所推重，傅山晚年手书石刻的钩摹镌刻多出自段氏之手。

康熙二十二年（1683），段𨨏丁忧在家，开始筹划

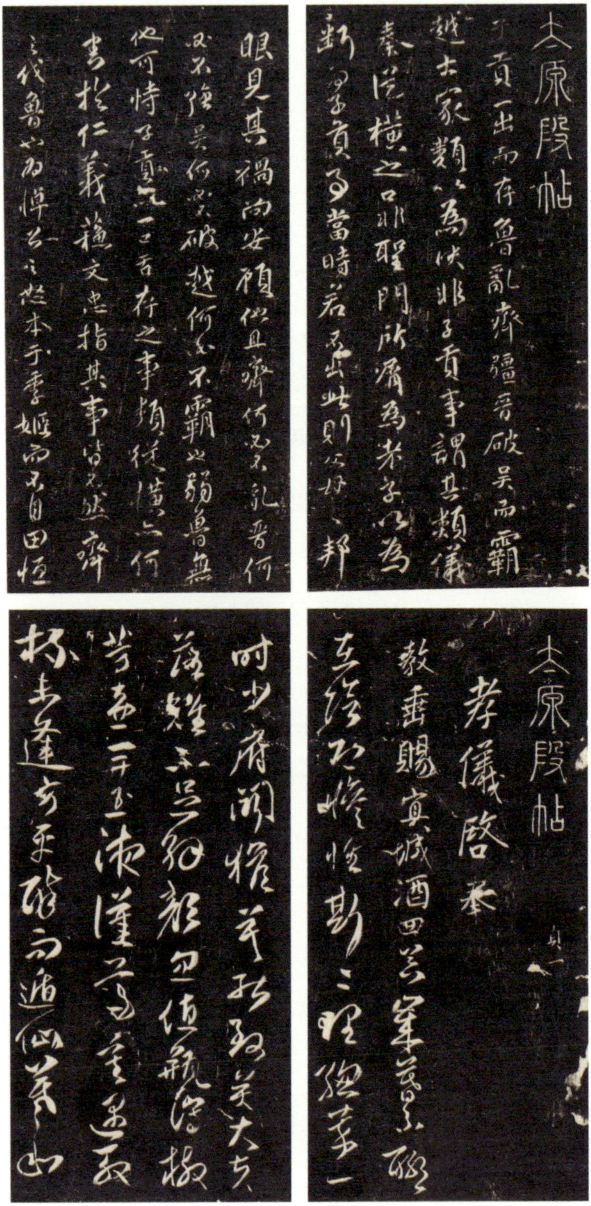

图四一 晋祠《太原段帖》拓片

镌刻《太原段帖》。帖后的《俚言自序》中有言："予素爱字而不能书，欲学书而苦无帖，其爱欲字帖之心，未尝一日少息也。稔闻版筑桥梓，文超两汉，字迈二王，虽然有意瞻韩，奚奈无由御李。甲寅岁适奉周太守，命勉刻曹侍郎诗于晋祠，偶为寿髦先生所物色，遂以李提之为介绍，召收门下，从事数年。虽不能临池搦管，而双钩摹勒皆先生教而受之也。所获真笔宝而藏之。癸亥春，丁艰家居，思镌石，力未逮，亲友义助，二载告成，不敢自私，公诸海内。"段絑在早年的书法学习中苦于没有法帖，一得到真迹便宝而藏之，也渐渐有了将这些墨迹珍宝"公诸海内"之心，故而有了《太原段帖》的刊刻。傅山得知段絑的这一想法后，曾致书道："知伯阳亦颇有小著几页，吾曾见之。余无甚关系，而诗类宋人者，须精定之，三五首不为少也。所书有《孙（缔）、段（樵）二子行实》及《祭西野文》一篇，不可不存，急往问之！诸人士挽诗并抄来一看，当并刻而行之。"可见傅山对《太原段帖》的刊刻也极为重视，所刊刻内容应该是傅山认为优秀的作品。

《太原段帖》刊刻内容丰富，多为较短的杂记、诗词、书札、经文之类。诗文的内容也反映傅山当时的一些心境与思想，有隐居生活的闲适、有亲友交际的情感等。同时，《段帖》也集中体现了傅山高超的书法水平，他的书法楷行篆隶，无不精工，豪迈不羁，独辟蹊径，时人评其"在王铎之上"。《段帖》所收傅山书法以行书、小楷为主，也有少数表现个性的连绵大草，还有一首隶书诗文。《段帖》保持了傅山原书体的笔法、风格、风韵，再现了傅青主书法真实的风貌，是书法艺术中珍贵的遗产。

《太原段帖》原本存于太原段氏宗祠内，数百年来，散失近半。1943年，常毅夫成立了古物保存会，经多方搜寻，终于将失石全部购回，仍交由段氏后人保管。1949年后，段氏后人将这些原石全部捐给政府，被晋祠博物馆收藏。博物馆收回时已丢失1块，其余27块，有的字形已模糊，但大体完好，现镶嵌于晋祠翰香馆东壁及南壁。近年来，为了更好地保护刻帖，避免游人触摸对刻帖造成损坏，晋祠博物馆专门为刻帖安上了玻璃框。

下篇：
北方园林　从崇山清泉到人文胜境

山环水绕　古柏齐年
亭榭歌台　人文胜境
文明守望　千年一园

金人段菊轩诗曰："不到灵祠十五年，水光山色尚依然。京人莫说西湖好，不溉民田溉福田。"元朝山西道提刑按察使姜彧赋诗："小桥烟柳似江南，挽将风月入醺酣。"刘永德在《晋祠风光》中说："晋祠的风光好名不虚传，自古来号称为华北江南。"在前人看来，晋祠好比西湖，又似江南，这一北方园林堪称宗祠祭祀建筑与自然山水完美结合的典范。

晋祠在山水之间，为境美，为景美。山有山之胜，水有水之奇。悬瓮群山悬崖百丈、蔽日亏红、绝岭万寻、横天耸翠；难老泉水晶莹清澈、碧玉流动、泉水琮琤，声声入耳。在这山下水旁，参天古木中林立着百余座殿、堂、楼、阁、亭、台、桥、榭。绿水碧波绕回廊而鸣奏，红墙黄瓦随树影而闪烁，悠久的历史文物与优美的自然风景浑然一体，在晋祠内外形成了美不胜收的十六景。晋祠自然之美如同一颗镶嵌在黄土高原上璀璨的明珠，兼容了北方园林的厚重富丽与南方园林的秀润隽雅之长，是三晋园林艺术景观的典型。走进这里，我们好似能够体会清代杨二酉的感叹，这里真是"山环水绕无双地，神乐人欢第一区"啊！

千百年来，多少墨客骚人曾驻足于此，或吟诗、或写对、或题匾，给晋祠增光添彩，使它成为文化底蕴极其深厚的历史博物馆。晋祠三绝、三大名匾、三大名刻，不仅是晋祠艺术胜境中不可缺少的部分，也是晋祠山水胜迹最恰切的释注。站在唐碑前，体会唐太宗李世民御笔《晋祠之铭并序》的豪情万丈，感悟"文章千古事，社稷一戎衣"的深意；坐在不系舟上，想象李白诗中翠娥的音容；登上望川亭，品读元好问途经晋祠留下的哀与愁；立足周柏前，欣赏傅山、杨二酉、阎若璩、顾炎武等文人墨客题写的楹联匾额，感受这一堂生动的文学、历史、哲学课……人文景观、自然风光与园林建筑一起，共同造就了千年一园——晋祠。

晋祠的美能够跨越千年，离不开有志之士的默默守护。一代代文明的守护者对晋祠的营建和传扬作出了不可磨灭的贡献。他们或著书立说，让我们足不出户，便可感受晋祠深厚的历史文化底蕴；或极力保护，守护着晋祠的一砖一瓦、一草一木，让我们可以穿越时空，领略不同历史时期的文物遗存和风景名胜。种树的周人、立碑的唐人、建殿的宋人……站在新时代的历史方位，我们理应成为历史的感受者、文化的传承者！

一、山环水绕　古柏齐年

晋祠名区，甲于三晋之首，何也？仰瞻悬瓮，层峦突兀，出烟霞缥缈间，殊可望而不可即。山下源泉浑浑，随地涌出，细浪浓波，映带左右。清朝书法家祁寯藻所题楹联"悬瓮山高，碧玉一湾分晋水；剪桐泽远，慈云千古荫唐封"就描绘了悬瓮山的巍峨挺拔和晋水的蜿蜒分流。山之麓，水之湄，植物点缀渲染其间，古柏老松、桑榆银杏、桃李杏枣、丁香牡丹、绿蘋荷花，争奇斗艳。恰如刘大鹏所言："山川风物之美，全晋之英华，实萃于此。"晋阳胜景，全在晋祠，更兼四时景色，极其鲜妍。

（一）悬瓮晴岚　难老泉声

1. 悬瓮山下

"天壤内之奇观，莫如山水。"晋祠居太原西南，山环水绕，号为名区，为晋全省中第一形胜。悬瓮山是吕梁山脉中雄巍而秀丽的名山之一，又名结绌山、汲瓮山、天目山、龙山。何为悬瓮？因山腹有巨石，如瓮形，故名。此名最早见于《山海经》"悬瓮之山，其上多玉，其下多铜，其兽多闾麋"一句。悬瓮山悬崖百丈，巍巍如一道屏障，又如伸开的两臂，将晋祠这处秀丽的古迹拥在怀中。整个山体被高大的乔木松柏覆盖，间以茂密的灌木草丛。山中禽鸟栖息，矿藏丰富。无论何时拾级登山、探古洞、访亭阁，都情悦神爽。

山的前部，形如笔架，包含三峰：居北者为左峰涌翠崖，居南者为右峰锁烟岭，居中者为主峰极乐峰，是悬瓮山的顶点。极乐峰山半大石累累，题字之石有六，分别为"欢喜岭""极乐峰""天目山""结绌山""望川遗迹""山水大观"。其中石头上题写的"山水大观"是对晋祠自然风光最恰切的表达。此峰居高临下，纵观庙宇，极为开阔。东南方是绵亘千里的太行山，山前洪流巨浸、环如玉带者是汾河水。东北望是历史悠久的山西省会太原；俯瞰近处，稻田漠漠、荷花遍布。在晴日阳光的照耀下，层峦叠嶂的山间云雾蒸腾，此即晋祠外八景之一的"悬瓮晴岚"。杨二酉笔下的"悬瓮晴岚"是如此美景："祠西千叠嶂，百瓮悬其巅。不知谁氏陶？磊落浮晴烟！"

山上有亭，名曰望川，又名大亭台，始建于北齐天保年间，明嘉靖二十七年（1548）高汝行在原物遗址上主持复建，清康熙年间时任太原知府周令树与太原知县万先登召集工匠重修，乾隆末年亭废。今之望川亭为1960年移址重建，其造型古朴，红柱黄瓦，雕梁画栋，玲珑美观。向东放眼远眺，可以看到群山起伏，朝阳初升，光耀大地，此即晋祠内八景之一的"望川晴晓"。元好问诗曰："望川亭上阅今古，但有麦浪摇春风。"高汝行《重建望川亭记》曰："暮霭朝烟，风晨月夕，云川雪坞，四时之变态不一，而三晋之奇观在兹矣。"赵谦德《望川晴晓》七绝诗曰："野云飞尽画图开，雨后千村绝点埃。眼底壶天谁领略？有人扶杖上亭来。"

2. 晋水源头

"悬瓮之山，晋水出焉"。晋水有三个泉眼——难老泉、鱼沼泉和善利泉。难老泉，又名南海眼，出自悬瓮山断层岩，其水冬暖夏凉，水量充沛，潺湲不息，天旱不减，雨涝不增，被誉为"晋阳第一泉"。"难老"之名源于《诗经·鲁颂》"永锡难老"，意为生生不息、青春永驻。吴伯箫在《难老泉》这一散文名篇中说："难老泉，听听名字就给人一种年轻的感觉……泉，论历史实际倒是很老的。从地质考察，据说有两万万年或者三万万年呢，据文字记载，'难老泉是晋水的主要源头'。"北齐天保年间在泉上建八角攒尖顶亭，名曰"难老泉亭"。"难老泉声"是晋祠内八景之一，游人赞叹这里的美景"胜似西湖"，难老泉与周柏、宋塑合称为"晋祠三绝"，是晋祠风光的精华所在。

鱼沼泉，俗呼鱼池，是晋水的第二泉源，位于圣母殿前，因其池为方形，故称为沼，沼中多鱼，故曰鱼沼。善利泉，俗名北海眼，与难老泉南北对峙，其水冬温夏凉，清冽可鉴，水量虽然微小，但水位却高于他泉。泉上建亭，与难老泉亭同为北齐天保中创建，明正德初废，嘉靖时重建。亭内悬立"善利"一匾，典出《老子》："上善若水，水善利万物而不争。"

举首观悬瓮，低头鉴智渠。悬瓮山下泉水琮琤，声声入耳，凭栏俯望，心旷神怡。梁衡在《晋祠》一文中对晋祠的水做了特别生动的描绘，他说："这里的水，多、清、静、柔。在园内信步，那里一泓深潭，这里一条小渠。桥下有河，亭中有井，路边有溪，石间有细流脉脉，如线如缕；林中有碧波闪闪，如锦如缎。这么多的水，又不知是从哪里冒出的，叮叮咚咚，只闻佩环齐鸣，却找不到一处泉眼，原来不是藏在殿下，就是隐于亭后。"晋祠到处都是水，走进晋祠随时都能感受到水的气息。

晋祠水系是晋祠的灵魂和命脉，其水景由点线面三种形式组合而成。所谓点就是难老泉和善利泉，所谓面是三个规模不是很大的水池，一个是接近于正方形的鱼沼，一个是北路八角形的莲池，还有一个是难老泉前的清潭。点与面中的鱼沼共同构成了晋水最初的源头。而所谓的线是智伯渠，它像玉带一样蜿蜒曲折，萦绕左右。水景中最有趣的是难老泉那一带，由于地势高低不同，水泉从难老泉发端，通过暗渠，再经过一个龙头流下来汇入清潭。戴王命《难老泉》诗写道："悬瓮山前别有天，滔滔活水几经年。古今多少兴亡事，天地同流难老泉。"水渠特意用石坝分割成不同的标高，使水有很明显的流动感，就像南宋朱熹所说的"问渠那得清如许，为有源头活水来"，显得特别的鲜活灵动，而且会发出像音乐一样的潺潺水声。清潭中横一道凿有十个洞孔的石堰，北七孔、南三孔，堰东又横一堰，名人字堰，将洞孔流出的水南北分开，即"三七分水"的标志。堰西水中竖有分水石塔，又名"张郎塔"。据说塔的砥柱下埋着争水英雄张郎的遗骨。吴伯箫在《难老泉》中讲了张郎塔"三七分水"的故事：

> 几百年前，这里南北两渠的农民，由于地主土豪的挑拨，经常为争水互斗。天越旱，斗得越厉害。后来官府设下毒计，说要"调解"纠纷，就在潭边支一口滚沸的油锅，锅里放十枚铜钱，说："哪方有人能当众从锅里取出几枚铜钱，以后就分几分水量，判定之后，永免争执。"这时候，从北渠的人群里，走出了一个青年，勇敢地伸手从油锅里取出了七枚铜钱，于是北渠的农民就永远得七分水量。可是那青年受烫伤过重，当场死去了。青年姓张，是晋祠山边花塔村人，人们称他为张郎。北渠的群众为了纪念他，就把他的尸骨埋在了"中流砥柱"下面。为了分水，在砥柱东面筑了一道石堤，在堤腰凿了十孔圆洞，南三北七。在东堤又筑了一道人字堰，作为南北两渠的分水岭，以免出堤后水流混合。

山西大学行龙教授对这一传说解读道："花塔村人正是利用（或曰自造）这一传说强化了自己北河都渠长的地位，无中生有的争水英雄张郎成为花塔村张姓都渠长世袭不更的依据。"[25] 美国哈佛大学教授沈艾娣认为，这个故事"称赞个人在肉体考验中表现出的勇气和为本村作出的牺牲，以及他们对官方干涉这一水利系统的运

图一　晋祠智伯渠

图二　晋祠人字堰

图三　晋祠人字堰的北渠「七分水」

作所作出的抗争"[26]。

晋水在晋祠风光中独领风骚，引得无数文人挥毫赞美。李白笔下有"晋祠流水如碧玉""百尺清潭写翠娥"；白居易说它"笙歌闻四面，楼阁在中央"；李德裕诗曰"激水自山椒，析波分浅濑"；欧阳修诗云"并人昔游晋水上，清镜照耀涵朱颜。晋水今入并州里，稻花漠漠浇平田"；司马光曰"山寒太行晓，水碧晋祠春"；范仲淹赋诗"一源甚澄澈，数步忽潺湲"；元好问说"地脉何尝间今昔，尾闾真解泄沧溟"；小仓月赋诗"灵祠金碧水云间，泽国苏民玉一泉"；元人傒玉立云"涌跃腾沸，光莹澄澈而不浊。周流匝布，溉田千顷而不竭"；于谦说它"出洞神龙和雾起，凌波仙女弄珠游"；屈大均诗曰"风雷缠一水，松柏贯双溪"……文因水而生，水因文而名，文人雅士的锦句名篇和晋水相映生辉，彰显着晋水灵动活泼的魅力。

图四 晋祠 G002 侧柏周柏

图五 晋祠 G002 侧柏周柏局部

图四——图五

(二)古柏齐年　莲池映月

1. 晋源之柏第一章

晋祠水绕山环,植物茂盛,地之名胜全赖其点缀渲染。殿之前、亭之畔,洋洋乎活翠濡涵;山之麓,水之湄,皓皓乎浓青掩映。"二十四番风信咸宜,三百六日花开竞放",真可谓是春天茂其颖,夏天灿其英,秋天有其实,冬天无凋色。张友椿笔下的静怡园好像晋祠四时的缩影:暮春桃杏争艳,风和日丽;盛夏鸟语花香,杨柳依依;金秋满园红叶,天高气爽;严冬松梅相映,玉树冰花。

早在1500多年前,郦道元在《水经注》中就写道:"左右杂树交荫,希见曦景。"描绘了晋祠在阳光照射下众多树木遮蔽的景象。晋祠树木之多,不言而喻。祠内的古树名木不仅给晋祠增添了活力,而且随着四季变换树叶变绿变黄飘落,也给人们带来了四时变化之美感。此中最负盛名的当属苗裔堂前、圣母殿北侧,被称为"晋祠三绝"之一的周柏。

周柏历史悠久,2000年中国社会科学研究院取样检测测定其树龄为2980年,由此可推算出此柏植于周昭王时(前995—前977)。傅山为古柏题字"晋源之柏第一章"。周柏是晋祠悠久历史的见证，历代文人墨客对此题咏不绝。早在北宋，欧阳修便留下了"地灵草木得余润，郁郁古柏含苍烟"的诗句。明高汝行"松枝虬屈，柏干龙蟠，四时景泰，百咏不穷"之句，更是简单明了地赞叹古柏之奇伟。傅山之子傅眉作《古柏歌》："左柏右柏幽影寒，客子徘徊于其间。右柏左柏幽影淡，客子歌罢高云散。"杨二酉在《晋祠两柏赋》中写道："瓮山之麓，晋水之滨，凡百卉木，靡不快凌云之志，倾捧日之心，如两柏者，定能邀睿赏，披瑶香，栋梁充用，舟楫堪膺，虽暗淡以终古，乃宠遇于方今。"冯玉祥赋诗《咏晋祠周柏》："大树苍苍数千载，虽然倾斜成大观。饱经世界冷暖事，能耐风霜不畏寒。"古柏已成为不老的象征，引发了无数游人的怀古幽情。

2. 四时花木，十里稻香

晋祠四时之景因花草树木的点缀而更加绚烂，赢得了历代诗人的青睐。白居易赋诗："春变烟波色，晴添树木光。"司马光云："秀直寒松节，精明利剑芒。"元遗山道："石磴云松著色屏，岸花汀草展江亭。"许荣绶说："晋水源流汾水曲，荷花世界稻花乡。"刘大鹏则描绘了晋祠四季之景：春景"气清天朗鼓东风，草长灵祠绿映红""梨花玉露池边袅,杏带朱霞竹外丛";夏景"风清雨润百花香,赤帝扬威日正长。绿柳依依垂石砌,青荷叠叠点池塘";秋景"金菊花开唐叔殿""梧桐摇落一缕烟";冬景"活翠频翻楼外柏,浓烟迭泛水中蘋"。在诗人对晋祠各个季节景物的描绘和赞叹中,花草树木是不可缺少的重要意象,它们在现实晋祠美景的构建中也是不可或缺的。

三月桃花盛开,晋祠公园南湖一片粉色。五月前后,牡丹、芍药竞相开放,吸引众多游人前来,摄影绘画,热闹非凡。牡丹花落,木槿花开。炎炎夏日,碧水荡漾的池塘中,南北大寺方圆七八里之内,粉红色的莲花盛开,微风飘荡,花香侵入鼻中,真是"未入莲花国,先闻水面香"。秋高气爽时,王琼祠和晋祠大门前的金黄银杏扇叶闪闪发光,绚烂如霞。中秋时节,菊花盛开。这些花卉中,最引人注目的还属莲花,唐叔虞祠前有一座八角莲池,在莲花盛开的夜晚,冰清玉洁的莲花坐于莲池中,清风徐徐,叶与花随风摇曳。一轮浅浅的明月倒映在莲池中,此情此景如梦如幻,即晋祠内八景之一的"莲池映月"。

晋祠有四宝，即当地民谣所说"大米芯芯藕瓜瓜，元宵蛋蛋女娃娃"。晋祠大米，因晋祠泉水浇灌得名，被称为"北米之最"。《元和郡县图志》载，隋开皇六年（586）"引晋水溉稻田，周回四十一里"。宋朝时，晋祠周边家家种植，北宋嘉祐五年（1060）平晋县尉陈知白兴修晋水水利，晋祠水稻生产规模扩大。北宋熙宁八年（1075）太原人史守一兴修晋水水利，稻田面积再次扩大。可见，晋祠稻米的生产发展与晋水密不可分，其繁荣兴盛依托于晋水及其水利工程。金人元好问《惠远门新建外门记》载"稻塍莲荡，延袤百余里"。清末，晋水南北河总计灌溉面积仍有310多顷，其中"晋水所溉田畴为亩甚多，稻田居其半，麦田居其半"，山西布政使杨宗濂在经过晋祠时发出了"稻荷肥沃，可比江南"的感叹。范仲淹游历晋祠后赋诗"神哉叔虞庙，地胜出嘉泉"，"皆如晋祠下，生民无旱年"。

二、亭榭歌台　人文胜境

如果说，悬瓮山是晋祠园林的骨骼，晋水是晋祠园林的灵魂，点缀其间的亭台楼阁、门坊桥洞则使晋祠灵动。刘大鹏在《晋祠志》中言："山美矣，水美矣，而山水之间又加之台榭殿阁，姣媚呈妍，洵属美中之美，则其美不可以一言尽也。"静静流淌的晋水将祠内各式各样的桥与亭连接在一起，构成了独具特色的园林景观，是晋祠美丽画卷的组成部分。它们"悬栋结阿，天窗绮疏；云楶藻棁，龙桷雕镂"，引来了无数游人流连。穿梭于小桥流水，小歇于亭榭歌台，欣赏着匾额楹联上的书法，吟诵着名家的咏唱之文……这里无疑是充满诗情画意的人文胜境。

（一）门坊桥洞　亭台掩映

1. 晋祠大门

晋祠历史上共有过景清、惠远、延釐、向曦、坤顺、晋祠大门6座门。现在的晋祠大门是新中国成立后新建的，青石基座水泥混凝土结构，门前设有五层台阶，大门由中间高两边低的三道拱形门组成，两旁台阶上有一对守门石狮子。大门上悬挂的"晋祠"二字，是1959年陈毅元帅来太原游览晋祠时题写的，刚劲有力的书法为大门的气势再添光辉。整个大门高大壮观，引人入胜。旁边墙壁上镶嵌着1961年国务院公布晋祠为全国重点文物保护单位的汉白玉题刻。

除了当代新建的晋祠大门外，目前在祠区中可以看到的门仅有景清门和惠远门。景清门原名景表门，"景表"二字出自窦庠《太原送穆质南游》"今朝天景表，秋入晋阳城"一句。明万历年间，景表门因火灾焚毁，后重建改名为景清门。据刘大鹏《晋祠志》记载："景清门，一名惠远门，祠之正门，东向，南北连堡墙。左右为四大天神殿，中通行走，轩昂阔大，高车驷马均可容之门内，向胜瀛楼。未详初建年月，明嘉靖四十二年（1563）补修，门外左右有八字墙。"按其记载，当时景清门与惠远门为同门异名。此后，刘永德《晋祠风光》、魏国祚《晋祠名胜》等书也持此观点。但其实，景清门、惠远门在晋祠的发展历史中并非一成不变，而是在不同时期或被原地修缮、或被改变位置。

太原文史学者张德一和贾莉莉经过细致的研究认为，景清门与惠远门并非一直都同门异名，至少在金元时期还是两门各立，一个是唐叔虞祠的正门，一个是圣母殿的正门。[27]根据至元四年（1267）太原路提举学校官弋彀《重修汾东王庙记》中"王殿南百余步为三门，又南二百步许为景清门，门之外东折数十步，合南北驿路"的记载，张德一与贾莉莉认为这时的景清门为南向，与唐叔虞祠正对。据蒙古太宗十三年（1241）元好问《惠远庙新建外门记》"晋溪神曰昭济，祠曰惠远，自宋以来云然……庙旧有殿，有别殿，有廊庑，有门"的记载，认为惠远门应是直对惠远祠（圣母殿）的正门，东向，位置在今天的晋祠大门南面。这与当地人所说原来的惠远门在智伯渠南岸，与圣母殿东西相对，成一直线的传言相一致。建筑学学者沈旸、申童、周小棣根据以上两碑内容推断原来的景清门为南向，且可能位于胜瀛楼至晋溪书院附近，并认为惠远祠有门，正对圣母轴线，大概被称为惠远祠外门或"三门"[28]。

到了明代，两门位置发生了变化。明天顺五年（1461）

山西按察司使茂彪在晋祠祷雨有应后，为报答神灵而修葺晋祠。在修周垣（晋祠西、南、北围墙）之栏槛后，南垣易为二便门，偏东称向曦门，偏西称坤顺门，景清门被隔于垣与二便门之南，偏于祠外。据此，贾莉莉认为这时的景清门与惠远门合二门为一门，称惠远门，位于今晋祠新大门南面，且此门名称与位置至少到明隆庆元年（1567）仍是如此。明隆庆元年（1567）到1916年间，因时代久远、史料缺乏，加之那时的惠远门无牌无匾，人们只称其为庙门。1916年，刘大鹏根据《志乘碑记》之名，将其命名为景清门。直到1983年，景清门因破烂不堪重修，并迁于奉圣寺，至今为奉圣寺山门。2011年，晋祠南便门重修加固，命名惠远门，仅存名之用。

2.亭榭桥洞

静静流淌的晋水，将祠内各式各样的桥与亭连接在一起，构成了独具特色的园林景观。早在北齐天保年间，文宣帝高洋就已经在晋水源头难老泉和善利泉之上修建了亭子。难老泉初出处向东而流，依次经过石塘内的不系舟、张郎塔、人字堰、真趣亭等。水出石塘，分别向南、向北流。南流者经过王琼祠前的仰止桥后经奉圣寺流出祠外。北流者依次经过挂雪桥、流碧榭、会仙桥、碧澜桥、锁虹桥和水闸亭。

覆盖于难老泉之上的亭子即难老泉亭，此亭初建于北齐时期，但原建筑早已不存，现在我们看到的是明嘉靖时重建的。亭高9米左右，斗拱昂嘴明显为明代手法，但间架结构仍然保持着北齐原物的风格。亭子的斗拱设计也极为精巧，利用硕大半拱下昂后尾，承托内拽枋再以戗支撑雷公柱，运用物理学中的杠杆原理，使得内外檐两侧的荷载趋于平衡，侧脚收分很是明显，特别是柱脚围廊周匝，这一做法进一步保持了建筑的稳定性。

难老泉初出处为石塘，又叫清潭，潭中有不系舟、张郎塔、人字堰、真趣亭、洗耳洞。此处景致新奇，游人登舟四望，只见晋水从难老泉亭下石洞中滚滚流出，水底衬托着晋水源头上特有的长生萍，萍色极浓翠，四季常青；再加上游鱼穿梭，阳光透过泉水照到水底的石子上反射出五色斑斓的光彩，相互交织，美丽无比。清潭中间设有一道石堤，堤上凿有直径一尺左右的圆洞十孔，石堤东边建了一座石堰，作为南北两河的分界线，即"人字堰"。人字堰以西便是张郎塔。清潭北侧有真

图六 晋祠不系舟远景

图七 晋祠不系舟

趣亭，倚栏四望，晋祠美景尽收眼底。亭子下面有洗耳洞，人们可以到水边去洗耳恭听水流潺潺的声音。

水出石塘，分别向南、向北流，北流者为智伯渠，渠上共有5座桥。第一座桥为白灰砌石双拱桥，名曰挂雪桥，俗称双桥。冬天瑞雪纷飞时，祠区一片银装素裹，双桥倒映水中，颇有情趣，这就是晋祠著名的内八景之一——"双桥挂雪"。清乾隆年间举人赵谦德《双桥挂雪》诗赞曰："玉虹留影落双桥，映水寒花冰不雕。怪道西施失仙佩，琼花历乱挂霜条。"挂雪桥往北是流碧榭，原名白鹤亭，建于明嘉靖年间。据说曾有仙鹤在此降落，夜半而鸣，十里可闻，故称。二十世纪五六十年代，书法家郑林撷取李白"晋祠流水如碧玉"诗意，题写了"流碧榭"匾额，取代了之前"白鹤亭"的名称。此亭临水而建，极富诗情画意，文人歌咏题联极多。亭北有郑林所书"一沟瓜蔓水，十里稻花风"联，亭南柱上挂有现代古文字学家张颔金文行笔联"风月时来往，山川自古今"。亭南旧有同乐亭，刘大鹏称其为亭榭中之第一，现已被改建为傅山纪念馆，该馆是国内陈列展览与收藏傅山书画

图八 晋祠流碧榭

图九 晋祠流碧榭雪景

图八——图九

精品、文献资料及开展文化交流的重要场所。

智伯渠上的第二座桥为会仙桥，是通往圣母殿的主要通道。桥的名称来源有两种说法：其一，相传每年四月十四日有神仙在桥上相会，所以名为"会仙桥"；其二则与罗洪先有关。相传此桥原为木桥，后因罗洪先在桥上遇仙女出言不逊，惹怒仙女，仙女一气之下将桥烧毁。重建石桥后，称为"会仙桥"。智伯渠过会仙桥转而东流，流经的便是渠上第三座桥碧澜桥，此桥因位于东岳祠（泰山庙）前，民间俗称"泰山桥"。桥两边有砖砌桥栏，桥东洞上有一石雕龙首。碧澜桥东为锁虹桥，位于文昌宫前，又称文昌桥，修建于乾隆三十八年（1773）。锁虹桥与文昌宫是一座整体建筑，桥就像是文昌宫门前的平台，桥东、西两面都有石栏，雕凿比较精致。锁虹桥东南、晋祠大门北面假山前有一座跨智伯渠而建的水闸亭，因此处设有水闸而得名，又因临近清华堂，又称清华亭，亭南有一米左右的甬道，横跨智伯渠两岸，所以也叫水闸桥。

明隆庆元年（1567），高汝行撰写的《重修晋祠庙

图一〇 晋祠傅山纪念馆

碑记》中记载了当时的亭榭凡十二：清华堂、环翠亭、均福堂、仁智轩、涌雪亭、流杯亭、宝墨堂、善利泉亭、难老泉亭、望川亭、读书台、景清门。光绪末年的《晋祠志》记载："亭榭凡二十三：曰难老泉亭，曰善利泉亭，曰清华堂，曰莲花台，曰白鹤亭，曰胜览坊，曰胜瀛楼，曰同乐亭，曰献殿，曰钟楼，曰鼓楼，曰对越坊，曰松水亭，曰待凤轩，曰读书台，曰三台阁，曰静怡园，曰贞观宝翰亭，曰钧天台，曰水镜台，曰五云亭，曰诗榭，曰水碓房院。此外又有朝阳洞、茶烟洞、飞梁鱼沼、八角池，并会仙、挂雪、碧澜、锁虹、翠波等桥，洵胜境也。"1916年，在刘大鹏的主持下晋祠新修了石梯口洞，并在上面修建了真趣亭；在石塘、挂雪桥、会仙桥左右两岸增修了栏杆；在待凤轩前面建小西室，使得千年古祠再次焕发光彩。

晋祠的园林把人工的建筑与自然的山水结合得非常好，不受中轴线的限制，不受庙堂建筑的规范，而是有园林的遗迹和山水的自然美，又不失中国建筑的传统格局。是中轴线而又不限于中轴线，又对称而不绝对对称，这种建筑美与自然美结合而形成的独特之美，赋予晋祠独一无二的魅力。

(二) 楹联匾额　诗文增辉

1. 诗文话晋祠

我国古建筑园林艺术学家陈从周在谈到中国园林艺术与中国诗文关系时指出"中国园林，能在世界上独树一帜者，实以诗文造园也。园之筑出于文思，园之存赖以文传，园实文，文实园，两者无二致。"表明园林包括名胜景区的知名度在很大程度上依赖于艺文的烘托和宣传，所谓"亭台树石之胜，必待名流宴赏，诗文唱酬以传"。晋祠"虽然美则美矣，非有流寓诸贤，题其美，写其美，渲染其美，而其美恐弗能彰也。故凡游于斯，冶于斯，流憩于斯，题咏记述于斯者，备书于册，以见高情壮思，有抑扬天地之心"。据不完全统计，描写晋祠的诗歌约有130首，就作者而言，除少量诗人外，大部分是曾在当地任职的官员；就朝代而言，分布较零散，主要集中在明清时期。

东魏文学家祖鸿勋曾应丞相高欢征聘游晋祠，作《晋祠记》，描写了晋祠的风景文物，是关于晋祠的最早墨迹，可惜已经失传。"盛唐之时，雅爱晋祠山水，游览最久者，厥惟太白。"李白作《忆旧游寄谯郡元参军》，晋祠名声大噪：

……

君家严君勇貔虎，作尹并州遏戎虏。

五月相呼渡太行，摧轮不道羊肠苦。

行来北凉岁月深，感君贵义轻黄金。

琼杯绮食青玉案，使我醉饱无归心。

时时出向城西曲，晋祠流水如碧玉。

浮舟弄水箫鼓鸣，微波龙鳞莎草绿。

兴来携妓恣经过，其若杨花似雪何。

红妆欲醉宜斜日，百尺清潭写翠娥。

翠娥婵娟初月辉，美人更唱舞罗衣。

清风吹歌入空去，歌曲自绕行云飞。

……

乾隆皇帝评价此诗："白诗天才纵逸，至于七言长古……此篇最有纪律可循，历数旧游，纯用叙事之法，以离合为经纬，以转折为节奏，结构极严而神气自畅。"宋代四大书法家之一的黄庭坚草书该诗。清道光二十八年（1848），平定张穆摹勒上石，并作跋，即《黄文节公书太白诗忆旧游寄谯郡元参军》碑，今镶嵌于晋祠翰香馆碑廊东壁。

宋庆历四年（1044），范仲淹上任河东陕西宣抚使时，由汾州前往太原，路过晋祠，驻足游览，题诗《晋祠泉》："神哉叔虞庙，地胜出嘉泉。一源甚澄澈，数步忽潺湲。此意孰可穷，观者增恭虔。锦鳞无敢钓，长生同水仙。千家溉禾稻，满目江乡田。我来动所思，致主愧前贤。大道果能行，时雨宜不愆。皆如晋祠下，生民无旱年。"同一时期，欧阳修巡视河东，路过晋祠时，爱山水之胜，不忍离去，写下了《晋祠》。诗中"地灵草木得余润，郁郁古柏含苍烟"两句于1990年由现代书法家黄克毅书丹刻于难老泉碑廊北壁。元丰八年（1085），吕惠卿游晋祠作《留题兴安王庙》："剪叶疏封意，归禾协济心，遗风固唐远，积德本周深。逝水悲兴废，浮云阅古今，祠宫尚翚翼，鸣玉潄松阴。"宋宣和五年（1123），张伯玉游览晋祠，题《游叔虞祠》："庙中桐叶手中文，闲读高碑拂素尘，异陇归禾曾是主，徒林射兕独留神。关河莫问周秦事，花木谁分汉魏春，惟有门前旧溪水，秋风幽咽送行人。"此外，韩琦有《离并州至晋祠次韵答宣徽富公》、梅尧臣有《游晋祠》、司马光有《晋阳三月未有春色》、汪藻有《题晋祠》。

金人元好问曾数次游历晋祠，题咏很多，比较著名的是《过晋阳故城书事》，今难老碑廊所刻"惠远祠前晋溪水，翠叶银花清见底。水上西山如挂屏，郁郁苍苍三十里"四句诗便出自该诗。至元十八年（1281）三月，河东山西道提刑按察使姜彧因视察水利来到晋祠，题七绝四首《晋溪留题四诗》。延祐四年（1317），河东山西道肃政廉访使经历学术鲁翀与本道廉访使普化嘉议崔资善、宪佥张承德等人游于晋溪，乐其山水秀丽，酒酣赋诗，前后共题三首，分别是《圣母祠前祷雨》《唐叔汾东王祠》和《晋祠奉酬张宪佥韵》。

明清是晋祠诗文创作的高峰期。明洪武二年（1369），杨应题祷雨诗"倚天山势伏龙形，涌出灵泉碧玉清。安得天瓢分一滴，大施甘雨济苍生。"正统十年（1445）六月，山西按察司分巡佥事何自学、布政司参政林厚、清源朱鉴和因公务经过晋祠，爱其山水，徘徊久之，不忍离去，遂各题诗一首。明英宗时，于谦去晋祠祷雨，赋诗《忆晋祠风景且以致望雨之意》："悬瓮山前景趣幽，邑人云是小瀛洲。群峰环耸青螺髻，合间中分碧玉流。出洞神龙合雾起，凌波仙女弄珠游。愿将一掬灵祠水，散作甘霖遍九州。"现难老泉碑廊西壁刻有该诗。

成化十九年（1483），张颐怡情山水，游览晋祠，《题晋溪流水诗》。正德十四年（1519），周宣与高汝行游晋祠，赋诗曰："登山已是春归后，览胜初偿客里心，双涧跃来秋镜冷，万夫耕处绿云深。山前弦诵缘晨夕，祠下牲醪自古今，吾为吾民乞灵贶，瓣香还寄殿松阴。"嘉靖十九年（1540），山西提督学道刘钦顺游览晋祠题诗："太原西山如悬瓮，难老喷玉曾不冻。有诗龙子挟灵泉，一沛甘霖慰明主。穹碑深刻瞻宸翰，因之血食永兹土。古哉正对史佚直，千里侯封戏桐叶。翠柏一剪为朝云，月华掩映照清芬。世远祠存人不见，但余古木发幽熏。"

嘉靖二十七年（1548）十二月，监察御史黄洪毗巡按山西题《谒晋祠喜重修功成》。嘉靖二十八年（1549），山西泽州知事陈棐到晋祠游玩，题《观晋祠三灵泉》。次年六月二十二日又题《谒唐侯祠》。嘉靖三十三年（1554）山西参政周满因公进省，听闻晋祠山水胜境，前来游览，赋《观难老泉诗》。嘉靖三十七年（1558），罗洪先游晋祠，题诗《望古兴怀悬笔诗》，今晋祠圣母殿南廊《罗洪先悬笔诗碑》所刻内容即为该诗。万历十五年（1587）春三月，山西提学佥事王守诚游晋祠，题《观悬瓮山泉》《宿向阳洞诗》。万历四十二年（1614）春，王建中因公赴省，三月途经晋祠，进祠拜神，游览山水，题《观晋祠灵泉》，并赋《上有瓮山下有老井并赋》。

康熙四年（1665）吴耕方路过太原参观天龙山，并游晋祠题诗："尺土千秋号晋墟，遗封独作剪桐书，题碑字识贞观额，溉野泉分智伯渠。社鼓儿童迎圣母，荒烟风雨锁王居，临流永日堪移赏，爱煞禾香拂笋舆。"康熙五年（1666），曹溶题诗《晋祠纪游》十二首。康熙十年（1671）正月八日，交城知县赵吉士偕同清源张夏钟、文水傅拱辰、徐沟连城游晋祠，题《晋祠即事诗》。康熙四十五年（1706）二月，周在浚题诗："叔虞祠畔柏萧森，难老泉头坐夕阴。石镜流辉浮碧藻，松萝曳影起清音。山名悬瓮崩崖险，堂忆清华接翠深。漫向残碑倾浊酒，望中落日下疏林。"雍正八年（1730），浙江海宁州进士沈继贤出任太原县事，常借修祀事游晋祠，写情写景，著于诗歌，其诗诸多散逸，惟传《晋祠励使君衣园索和依韵》四章。乾隆二十二年（1757），刘统勋游览晋祠山水，题诗二章。

乾隆四十二年（1777），晋祠名人学士杨二酉对晋祠名胜甲于三晋而景无传深感遗憾，遂于祠区内外各得八景而系以五言古体诗《晋祠全景十六首》，将晋祠及周边村庄胜景融于一体，涵括了晋祠景物精华，文字优美，气势磅礴，每一字句都透出其对家乡热土的真挚感情及对晋祠秀美山川、人文底蕴的由衷骄傲。之后，书法家杨墫将其书于文昌阁榭壁上。乾隆六十年（1795），山西学政幕僚李燧流连晋祠胜境作长诗一首，描绘了晋祠山光水色的自然之美。道光十三年（1833）秋，阳曲县知县崔光笏游晋祠，题诗两首。道光二十年（1840）再游晋祠，赋诗曰："凉堂宛在水中央，古柏参天第一章，使节追陪聆绪论，衣间犹带令公香。"清末民国当地名绅刘大鹏写有《晋祠四景诗歌》。

晋祠游记，自明嘉靖年间起五百年来，较著名的有五篇：明嘉靖年间乔宇《晋祠记》、万历时苏惟霖《游晋祠记》、明末清初朱彝尊《游晋祠记》、清乾隆年间刘大櫆《游晋祠记》、乾隆十二年（1747）周景柱《太原晋祠记》。这些游记或记述名胜，或考证古迹，各有千秋。五篇游记中，朱彝尊所记独领风骚，凡是游览晋祠者，莫不以先睹朱记为快。散文家吴伯箫的《难老泉》和梁衡的《晋祠》是当代写晋祠最著名的文章。其中，梁衡的《晋祠》于二十世纪八十年代被选入中学语文课本，直到现在仍有许多游客说是因《晋祠》一文才慕名前来。

2. 联匾含深蕴

建筑物上悬挂的楹联、匾额作为一种集辞赋、诗文、书法雕刻为一体的独特艺术形式，是具有中国气派和东方韵味的艺术珍品。清华大学建筑学教授周维权在谈到园林意境的含蕴时说："中国古典园林不仅借助于具体的景观——山、水、花木、建筑所构成的各种风景画面间接传达意境的信息，而且还运用园名、景题、匾额、对联、石刻等文字方式直接表达深化意境的内涵。"[29]

晋祠楹联、匾额是晋祠艺术结构中不可或缺的重要部分，也是晋祠山水胜迹最为恰切的释注，其中所包含的文化意蕴和审美观念是晋祠园林的点睛之笔。

晋祠楹联、匾额众多，主要悬挂于祠内建筑之上。就匾额来说，祠内保存了宋代以来的160多块匾额，其中元代匾额1块、明代匾额2块、清代匾额93块、民国匾额9块、当代匾额47块、待考匾额9块。至于楹联，自明清以来人们为晋祠撰书的楹联不下数百副，目前现存55副：清代楹联25副、民国2副、当代楹联23副、待考楹联5副。

"难老""对越""水镜台"匾是晋祠的三大名匾，历来为人所称道。其中"难老"匾为晋祠第一名匾，被誉为"神奇之笔"，清顺治四年（1647）傅山书。"难老"二字书法潇洒流畅、气贯通神，苍劲中有秀润，飘逸中有沉着，集中体现了傅山书法的特征，人称"其书飞掣不测，迅骇震俗，赵秋谷评为清朝第一"。现存匾额为清雍正五年（1727）太原县丞王原朗重立，悬挂于难老泉亭最高处。

傅山晚年多在晋祠活动，所到之处无不留下墨痕。隐居于云陶洞时，傅山与顾炎武、朱彝尊、阎若璩等友人密切交往，在静怡园内饮茶品酒、研讨学问，并为静怡园写了楹联："茶七碗，酒千钟，醉来踏破瑶阶月；柳三眠，花一梦，兴到倾倒碧玉觞。"现挂于傅山纪念馆前廊檐柱上和正厅明间檐柱上的"万竿逸气争栖凤，一夜凌云看箨龙"和"梧桐月向怀中照，杨柳风来面上吹"两副楹联，行笔如流水，着墨似飞云，飘逸潇洒，秀里藏刚。悬挂于松水亭明间檐柱上的"圃蕊城萝随点缀，事来功赴谢玄虚"一联结体宽博、点划厚重、潇洒自然、行笔稳健，颇有颜体之风。

茶烟洞中南壁大石上的"云陶"二字健笔凌云、高古奇迈、堪称逸品。刘大鹏评论其字"大如粟升，似隶而非隶，似楷而非楷，健笔凌云，气象万千"。嵌于朝阳洞石阶下周柏正北七十台阶下的"晋源之柏第一章"石刻，遒劲雄强，气势磅礴，刘大鹏称其"笔力遒劲，傲岸不平，望之令人却步"，阎若璩称此石刻与周令树所撰的《重建晋祠碑亭记》和曹溶题写的《晋祠纪游》十二首诗为"晋祠三绝"。嵌于晋祠文昌阁下西耳洞西墙壁的《文昌帝君阴骘文》石碣是傅山的小楷佳作，全文446字，工整不苟、玉润珠圆，直师钟繇。楹联、书法作品而外，傅山还为晋祠作诗数首，如《晋祠》《朝云洞》两首，其诗碑位于晋祠云陶洞前。

"对越"匾悬挂于献殿前的牌坊上，牌坊长12.5米，宽9.3米，檐高6.55米，为四柱三门结构，单檐歇山顶，钟、鼓二楼分列左右，如坊之双翼。据《晋祠志》记载，此牌坊为万历三年（1575）明太原县东庄举人高应元出资筹建，匾额也是其亲手书写。"对越"匾是晋祠三大名匾之一，其书法艺术历来被人们所称道，书法界名家评赞其为"雄伟之笔"，足见高应元书法之绝。刘大鹏称其字"整饬遒劲，宛如山岳嵯峨，棱角峭厉不可摩揣，论者谓祠中大字之渠魁"。

"水镜台"匾为杨二酉所题，被誉为"秀丽之笔"。"水镜台"三字，以鲁公笔法为基调，参以二王笔意，笔力清秀，形神俱佳；尤其是飞白，深沉中极具灵动，韵律十足；其点划布置精巧，竖划极细，形成了抑扬铿锵的节奏之美。刘大鹏称此匾"若龙腾于川，端倪莫测"。除此之外，杨二酉还为晋祠题了很多匾额，包括舍利生生塔上的25块匾额、悬挂于待凤轩明间檐下的"待凤轩"横匾、悬

图一一 晋祠《晋源之柏第一章》

图一二 晋祠对越坊

图一三 "对越"匾额

挂于水母楼二层檐下的"悬山响玉"匾、悬挂于朝阳洞窑洞上方的"眼底壶天"匾等。杨二酉还为晋祠题写了许多楹联，如文昌宫、奉圣寺和待凤轩联，其中文昌宫联"门环山水观仁智，地接风云会虎龙""三台瑞色临黄道，六府祥光映紫微"两联历来为人称道。奉圣寺联"佛法谭空，无欲而后空，定于五伦外求空，却便冤佛；禅门守净，不染之谓净，只在七情中讨净，即是解禅"被看作是楹联中的上品。

悬挂于水镜台东向明间檐柱上的"水秀山明无墨无笔图画，鸟语华笑有声有色文章"一联仅用二十个字就将高耸入云的悬瓮山，缓缓流动的晋水，百花齐放、万紫千红、禽鸟嬉戏、宛如仙境的晋祠风光描绘得淋漓尽致。据《晋祠志》记载，此联为晋祠人宁惇德辛酉（1921）冬至所撰，曾悬挂于朝阳洞。1983年，我国著名书法家、国画家刘炳森书。刘炳森书写这副楹联时，在自己坚实书法功底的基础上，充分发挥了创造性，将现代的审美意识与姊妹艺术的某些韵律和情趣相结合，作品表现得规矩俨然又轻灵飞动。悬挂于真趣亭面南亭柱上的"此

图一四

图一五

图一四　晋祠"水镜台"匾额

图一五　晋祠水镜台"水秀鸟语"楹联

地饶山中兴趣，到处皆水面文章"一联则描绘了晋祠独特的山水风光。全联用词贴切，寓言奇巧，是晋祠楹联中的佳作之一。

今傅山纪念馆正门两侧挂的"同声相应、同气相求，同人共乐千秋节；乐不可无、乐不可极，乐事还同万众心"联为刘大鹏所撰，曾挂于同乐亭门柱上。现联为山西省书法家协会主席石跃峰2014年所书。全联对仗工整，将"同乐"二字嵌于其中，反复多次出现，既有横嵌又有竖嵌，既有单嵌又有迭嵌，而且竖嵌中又表现了同时使用首嵌、腹嵌和插嵌的技巧，紧扣"同乐"寄托美好祝愿，主题鲜明，使"同乐亭"的命名含义得到进一步深化，寓意深长[30]。2014年3月7日上午，李克强总理参加十二届全国人大二次会议山西代表团讨论会，在谈到民生问题时现场吟诵了这副楹联，他说："我对'乐事还同万众心'印象特别深，用现在的话说，就是让人民共享改革成果。"

三、文明守望　千年一园

早在 1961 年晋祠就被国务院确认为首批全国重点文物保护单位，足见其在中国文物宝库中的重要地位。今天，我们在惊叹晋祠这一文物荟萃之区的同时，也要铭记守护这一国宝建筑群的守望者，是他们使文物得以保存，文明得以传承。在这里重点介绍清末民国刘大鹏呕心沥血所著的《晋祠志》，民国时期卫聚贤、张庆亨分别撰写的《晋祠指南》以及新中国成立后第一代晋祠文物工作者张友椿对晋祠文物的挖掘和保护。正因为有无数他们这样的人默默付出，晋祠才能在浩瀚的历史长河中历久弥新，成为今天的千年一园。

（一）晋人晋事　文明守望

1. 乡绅遗老，志书晋祠

从古至今，晋祠曾多次修建，新中国成立前的最后一次大修工程是在刘大鹏主持下完成的。刘大鹏（1857—1942），字友凤，号卧虎山人，别号梦醒子、潜园居士，晚年又号遁世翁，太原晋祠镇赤桥村人。刘大鹏一生致力于入仕，于光绪二十年（1894）参加乡试中举，至今刘家故居门楣上仍挂着"举人"匾额。此后他历经五次会试，均名落孙山。1905年，科举废除，他的布衣卿相之梦也化为泡影。之后，他以舌耕度日二十载，晚年经商事农。刘大鹏生长于晋祠，从小便在晋祠周边玩耍，对这一带可谓相当熟悉。他热爱这片土地，更致力于乡梓文物古迹保护，一生为保护文物做了大量工作。

1914年，晋祠住持僧本祥因晋祠祠宇倾颓，想要重修，但因晋祠镇人热心此事者寥寥无几，遂请当时声誉较高的刘大鹏提倡重修。起初，刘大鹏以自己非晋祠本村人而推辞，本祥言辞恳切、多方说服后，他才点头答应。不久，本祥圆寂，临终之际将重修一事托付刘大鹏。此次重修分为两个阶段，初段工程包括刘大鹏在内共有经理十八人，实际上却由牛玉鉴、张永涛、杜桓三人专横把持，工程耽搁数年尚未结束；二段工程刘大鹏受黄国梁委托担任经理，进展较为顺利。整个重修过程始于1915年，终于1917年，耗时3年。

1915年，刘大鹏在朝阳洞设立修祠工程局，并拟工程局章程，准备修缮事宜。但重修晋祠工程浩大、耗资颇巨，不仅发生了琉璃瓦案，还引起了四河反对布施之风潮。经刘大鹏多方协调，这两件事终得以解决，并确定了四河捐款数目以及四河应修之工程。1916年，刘大鹏重新成立了工程局，开始了修建工程：将赤桥人洗纸的石梯口改口为洞，并在上面修建了真趣亭；在石塘左右两岸修建栏杆；在挂雪桥、会仙桥左右两岸建栏槛；在公输子祠阶下修建栏杆，在待凤轩前面建小西室。此外，刘大鹏还重修了唐叔虞祠、公输子祠、对越坊、鼓楼、钟楼、挂雪桥、莲花台、贞观宝翰亭等建筑。此次重修工程考虑到了晋祠大部分建筑，竣工之后，刘大鹏亲自撰文，镌刻《赤桥村新修石梯口记》《石塘》等石刻来记事。在重修晋祠的同时，刘大鹏还重新开辟了晋祠堡西孔道。

作为文人，刘大鹏不仅致力于晋祠文物的保护，还整理撰写了全方位反映晋祠历史文化的祠庙专志——《晋祠志》。为使志书内容真实可信，刘大鹏抽出时间踏遍山水，深入村庄和山野实地调查；邀请其同窗好友乔沐青和其父刘明为此书作序；让其子帮忙抄写、校对草稿，历时五年完成了一百余万字、四十二卷的方志专著。该书记载了历代全部有关晋祠的建筑设施、古老传闻、名人轶事及周边地区的经济、文化、社会等方面的内容，是我们了解、研究晋祠及周边地区风俗习惯的珍贵史料。《晋祠志》是刘大鹏最珍爱的作品，他特别希望此书能被出版，但在他有生之年终未筹集到出版资金。1978年，慕湘来太原续写小说《晋阳秋》之末集《汾水寒》，见晋祠颓败不堪，考虑到古迹文物泯灭的危险，遂有刊印《晋祠志》之念。1986年6月，《晋祠志》经慕湘、吕文幸点校，由山西人民出版社出版。

1944年，邑人在晋祠圣母殿南侧所立《刘友凤先生碑铭》曰："乡邦文献，关怀有缘，表扬潜德，著述连篇，天不愁遗，杀青何年。晋水潺潺，相与呜咽，千秋万祀，其视此镌。"刘大鹏对晋祠所作贡献是毋庸置疑的，斯人已逝，但晋祠的一草一木见证了他的功绩，晋水潺潺，生生不息地流传着他的故事。

2. 民国文士，晋祠指南

民国时期，随着产业革命的发生，城市化进程加速，人们传统的生活方式也发生了改变，娱乐、消遣的旅游活动应运而生。晋祠作为三晋大地上著名的风景名胜区，也吸引了不少游人前来观光。其中名人游览之后留下的诗文不计其数，但是相关的介绍性书籍却屈指可数，《晋祠指南》就是其中少有的介绍晋祠的书籍。《晋祠指南》现传世有两个版本，分别由卫聚贤、张庆亨所著。

卫聚贤，字怀彬、号介山，山西运城万荣县人，是民国时期著名的历史学家、考古学家、博物学家，一生著述颇丰。1932年，卫聚贤在山西十年建设委员会任委员，同时又在山西国民师范授课，5月他与学生一起到晋祠旅游观光，并去了天龙山和晋阳古城。其后，他依据这次游玩经历，并参考刘大鹏的《晋祠志》和《柳子峪志》，写成《晋祠指南》一书。他写这本书的初衷正如序言中所说："晋祠为山西第一名胜，而又有天龙山与晋阳城在其附近，游人虽多，但无记载，使初游者至其地，因事前未明其大概，而游时无从详细观览。"该书属于游客普及类读物，在书尾还向游客介绍了景点路程、乘车须知、地方特产等旅行注意事项。

同年，山西河津人张庆亨也写成了另一个版本的《晋祠指南》。当时张庆亨在晋祠当地的职校工作，长期生活在晋祠，对晋祠的古迹名胜、民风习俗非常熟悉,他感慨:"(晋祠)其名胜绝佳,则不言可知了;乃竟好歹没有一种晋祠记述介绍于世,使人们得明其真相而观其胜况。这是多么可憾恨的一件事呢?"可见他著书的目的和卫聚贤相同,都是为了介绍晋祠风景名胜,给游客提供便利。该书共十个部分,分别为晋祠之沿革、晋祠之风景、晋祠之名胜、晋祠之文艺、晋祠之实业、晋祠之机关、晋祠人民之生活状况、晋祠之园墅与胜会、晋祠之奇异事物、晋祠之趣话。全篇内容丰富,语言通俗易懂,将晋祠面貌完整地展现了出来。全书最后还附加了旅游向导一节,解答了游客前往晋祠的游赏路线、吃饭去处、必备物品、庙会时间等问题,几乎面面俱到,为游客游玩提供了详尽的指导。

两个版本的《晋祠指南》各有特色,为当时的游人了解晋祠、游览晋祠提供了便利,为晋祠的旅游事业作出了一定程度的贡献,也是我们研究民国晋祠重要的史料。

3. 乡子赤心,守护晋祠

1952 年,山西省文教厅成立晋祠古迹保养所,张友椿被调到该所工作，专门从事文物古迹的保护与研究考证。张友椿（1897—1966），字亦彭、逸篷，太原晋源镇人。他一生任教，从事文字工作，致力于地方史志文献、人物研究考稽。此时，晋祠古迹破败不堪，墙倒屋塌、百废待举。同时山西省委准备拆除晋祠庙宇及奉圣寺兴建干部疗养院，张友椿知道后怕千年古迹毁于一旦，立即协同保养所所长刘永德上访，据理力争，陈述利害，最终使晋祠得以完整保存。随后张友椿与刘永德招揽专业人才，充实管理机构，对文物古迹古建进行维修、保养。在重修鱼沼飞梁时，他发现了两块带有文字的圆形石碑柱础。经查询文献资料，发现上面的文字是金人郝俣所撰，这也成为考证晋祠历史非常重要的文献。

千百年来，晋祠文物流散十分严重，损失巨大，初到晋祠，张友椿就开展了对文物的收藏和保护工作。那时，张友椿已经56岁，但他不辞劳苦，经过多方打听，先后数次从晋源、晋祠等地征集到《翰香馆法帖》木版，《太原段帖》石刻及王琼画像、傅山木匾和杨二酉墨迹册页等珍贵文物。此外，他还广泛整理了各类文史资料，辑录了有关太原及晋祠的大量文章，装订成册，定名为《太原文存》。他还收集了大量有关晋祠的资料，编撰了笔记体例的文稿《晋祠杂谈》，对晋祠存在已久的一些迷惑疑案、误解误导以及传说传闻进行探讨研究，提出了许多有价值的见解。1978年慕湘校点《晋祠志》时曾参考《晋祠杂谈》定伪补缺。2009年《晋祠杂谈》出版，这对晋祠研究大有裨益。

1959年夏天，郭沫若游晋祠时，张友椿陪同郭沫若游览讲解。临别前，郭沫若亲为张友椿题字留念："张友椿先生：难老泉中长生萍，终岁苍青，既可食并可疗疾。在水中翠绿宜人，难以形容。附近蓄水为池，池中有睡莲，冬季亦开花，良足异睛。"此题字今已镌刻于石，保存在难老泉池塘西壁上。山西大学郝树侯教授曾用"家伴晋泽，学宗潜邱。兀兀稽古，声气相求"概括赞美张友椿的一生。

（二）内外八景　千年一园

"天地之间至美之境，不外乎山水两端。山美矣，水美矣，而山水之间又加之台榭殿阁，姣媚呈妍，洵属美中之美，则其美不可以一言尽也。"晋祠无疑是一座集园林建筑和山水风光于一体的名胜古迹，它犹如一幅五彩缤纷的画卷，用最艳丽的色彩、最逼真的场景吸引着我们的眼球。如果说晋祠庙是晋祠风光的核心，那么晋祠公园就是晋祠风光的外围，晋祠内、外八景则是晋祠风光中最为绚丽的篇章。

晋祠内八景除望川晴晓一景在悬瓮山上，其余七景，都在祠内，分别是仙阁梯云、石洞茶烟、莲池映月、古柏齐年、胜瀛四照、难老泉声、双桥挂雪。晋祠外八景大部分在晋祠公园附近，分别是悬瓮晴岚、文峰鼎峙、宝塔披霞、谷口双堤、山城烟堞、四水青畴、大寺荷风、桃园春雨。晋祠内外十六景相互连缀，共同构成了这闻名中外的千年一园。

我们攀登至悬瓮山半山腰，进入望川亭，在微风的吹拂下俯瞰晋祠风景，只见祠内茂密的树木掩映着亭台楼阁，林木上鸟儿欢快地鸣叫，亭台里游人惬意地游玩，晋水波光粼粼如玉带居中穿过。朝阳初升，光耀大地，赐予了大自然无限的生机与活力，这是"望川晴晓"的风采；登临朝阳洞顶的吕祖阁，宛若走进空中楼阁一般，在夏日雨后潮湿时，这里云烟密布，轻雾缭绕，阁楼半掩，楼阁与阶梯时隐时现，这是"仙阁梯云"的玄妙；探寻于茶烟洞，联想着傅山先生的事迹，我们仿佛也穿越时空与傅山先生坐在一起煮茶论道、谈古论今，听着茶水滚滚沸腾，看着茶烟缓缓上升，静卧于一孤洞之中却心满意足，这是"石洞茶烟"的清幽；徘徊于八角池旁，在一个月圆的夜晚，池中娇艳的莲花在晚风的吹拂下自由地摇曳，好似借着清冷的月光翩翩起舞，而月亮也被莲花所吸引，将倒影留置于池水之中，静静地陪伴在莲花左右，此情此景如梦如幻，这是"莲池映月"的和谐；逗留于周柏之下，我们惊叹着这位老者的千年之寿，更敬佩它一路经历的风霜雪雨，它倾斜着身躯好似在和蔼地向游人讲述着它的沧桑岁月，或许它已经记不得有多少人前来拜访过，粗壮的树干和粗糙的树纹告诉了我们它的倔强与坚韧，这是"古柏齐年"的苍劲；置身于胜瀛楼内，夏至日的阳光从四面照入，楼内显得格外宽敞明亮，坐于其中品茗谈天，廊外风声呼啸，楼内依然温馨如旧，这是"胜瀛四照"的神奇；追溯于晋水之源，看着涓涓涌动的难老泉水流出龙口外，哗啦啦的水声顿时让沉寂的水面沸腾起来，聆听着那欢乐愉悦的水声，活泼泼地如吟唱着歌似的奔向远方，向着田野，向着禾苗，无私地造福晋阳大地，这是"难老泉声"的欢腾；在冬日中，落足于挂雪桥，桥上白雪皑皑，在阳光的照射下，这座古朴的小桥格外耀眼，桥下水汽蒸腾，白烟缭绕，遇冷气凝结，布于桥廊之下似雪似霜，这是"双桥挂雪"的奇丽。

寻访于悬瓮山巅，向西望去，山峦嶙峋高峻，清晨的山上雾霭淡淡，缥缈而盎然，山上的石头千奇百怪，山脉一直延伸到祠宇，在山峰的衬托下，晋祠景观更加壮丽，这是"悬瓮晴岚"的雄壮；沿着晋祠院墙由北往南，祠区之北有高耸的文昌阁，祠区之南有挺拔的舍利生生塔，晋祠堡南门上设有大魁阁，三者犹如山峰一般鼎立，迎来朝阳，送走晚霞，而且三者分别奉祀儒、释、道三家，丰富了晋祠文化底蕴，这是"文峰鼎峙"的格局；驻足于舍利生生塔下，塔身挺立，直冲云霄，夕阳时分，赤红的晚霞映衬着宝塔，塔身像是披上了一层浅红色的外衣，这是"宝塔披霞"的绚烂；游荡在晋水四河之间，静听潺潺流水，遥望四河流过的万顷良田，细观田间茁壮成长的禾苗，可以想象到秋天丰收的场景，这是"四水青畴"的馈赠；漫步于晋祠外围的晋祠镇，这是一座群山环绕的城镇，周围庄禾繁茂、林木青翠、桃花映红，城镇中的大街小巷人来人往，热闹喧腾，夕阳时分，家家户户起火做饭，炊烟袅袅，这是"山城烟堞"的质朴；沉醉于祠区内的桃园，春季桃花微微绽放，在细雨的润洗下格外鲜艳，雾岚潋滟、染映桃红、黛眉含烟、秀美如画，这是"桃园春雨"的娇艳；问迹于晋祠地区的南、北两堤，看着来自马房峪和明仙峪的两条沙河倾泻而下，堤堰如坚定的卫士昂然伫立，阻隔着奔腾肆虐的山洪流瀑，气势磅礴，蔚为壮观，这是"谷口双堤"的恢宏；嬉戏于南、北大寺村的池塘，在荷花丛中随意游览，细嗅荷花溢出的淡淡清香，欣赏阳光下荷花翘首摇曳、亭亭玉立的风姿，这是"大寺荷风"的清丽。

如此美景，置身其中，令人心旷神怡。难怪明万历年间御史苏惟霖发出"如此风景不啻江南，非独为晋阳一邑之胜境，常居三晋全省之胜境也"的感叹。明正德年间山西提学副使陈凤梧说"三晋胜概全在于兹，来晋而不至晋祠游览，是与未曾来晋者同也"。清康熙知太原县事周在浚也说"来晋而不入晋祠游览，不亦空过矣乎"！

2020年6月6日，由清华大学与山西省文物局联合主办的"人文清华"讲坛特别节目《穿越时空的距离，跟随梁思成林徽因探寻中国古代建筑》首场在晋祠隆重开讲，清华大学建筑学院贾珺教授以"千年一园"为题讲解晋祠。他深情地讲解：置身圣母殿前，身后是宋代的殿，旁边是周代的柏，前面是唐槐唐碑、宋代铁人。站在这里就想起林徽因先生有个名词叫"建筑意"，她认为在诗意画意之外，还应该有建筑意。"建筑意"这个概念是梁先生和林先生考察北京郊外的一些古建筑时提到的,原话是"无论哪一个巍峨的古城楼,或一角倾颓的殿基的灵魂里,无形中都在诉说,乃至于歌唱,时间上漫不可信的变迁;由温雅的儿女佳话,到流血成渠的杀戮"。意思是说今天去看古代建筑,不管它是完整的,还是残缺的废墟,都应该理解它们是古代人民生活建造的成果,虽然前人已经不在了,可是他们当年生活的气息依然透过这些残存的一砖一瓦散发出来,我们是能体会到的,这种超越物质层面之外的精神感受就叫"建筑意"。贾珺教授认为晋祠作为中国最早的祠庙建筑群,不仅是美轮美奂的园林,也是文化底蕴深厚的历史博物馆,比"欧洲最漂亮的客厅"意大利威尼斯圣马可广场更胜一筹。

晋祠,是太原乃至山西历史的缩影,是阅读理解中国历史的生动教科书。更难得的是,晋祠的历代建设者,似乎在遵循着同样的一条原则,即在建设过程当中始终保持对自然的尊重、对已有的历史建筑的尊重,晋祠由原本单一的"晋国宗祠"融汇成祠、庙、寺、观为一体的多元空间,并保持一个非常和谐的大家庭的状态,被赵世瑜老师非常形象地概括为"多元的标识,层累的结构"。晋祠,就像是非常生动的文学、历史、建筑、哲学大课堂。

后记

保护文化遗产
传承文化根脉
讲好山西故事
凝聚文化自信

2022年1月27日，习近平总书记在山西平遥考察调研时指出，历史文化遗产承载着中华民族的基因和血脉，不仅属于我们这一代人，也属于子孙万代。要敬畏历史、敬畏文化、敬畏生态，全面保护好历史文化遗产。

2023年5月16日，习近平总书记在运城博物馆考察时强调，要认真贯彻落实党中央关于坚持保护第一、加强管理、挖掘价值、有效利用、让文物活起来的工作要求，全面提升文物保护利用和文化遗产保护传承水平。

2023年6月2日，习近平总书记在文化传承发展座谈会上强调，文化关乎国本、国运。在五千多年中华文明深厚基础上开辟和发展中国特色社会主义，把马克思主义基本原理同中国具体实际、同中华优秀传统文化相结合是必由之路。[31]

习近平总书记关于文化遗产保护传承的重要论述，是习近平文化思想的重要组成部分，为做好新时代新征程文化遗产保护传承工作提供了根本遵循。

山西省文物局与山西大学组织的"山西国宝故事"丛书撰写工作,是深入贯彻习近平总书记关于文化遗产保护传承论述的积极尝试,也是学术研究大众化的一个契机。晋祠是国务院公布的第一批全国重点文物保护单位,讲好晋祠故事,让晋祠文物活起来,为加强社会主义精神文明建设提供深厚滋养,并努力使之成为扩大中华文化国际影响力的重要名片,意义重大。

我自2002年跟随北京大学历史系赵世瑜先生攻读博士,20年来深受先生关于晋祠研究的启发,也多次跟随先生在晋祠及周边做田野考察,自认对晋祠有一定的了解。于是承担了《晋祠》的撰写工作,希望能把学术研究融入图文并茂的通俗读物写作中,为"讲好山西故事"尽一份力。

但真正开始写作后我才意识到学术研究大众化并非易事,晋祠蕴含着丰富复杂的历史情节,想要读懂非要下一番苦功夫才行。本书的写作主要参考学习了赵世瑜、柴泽俊、行龙、张亚辉等先生的研究著作，他们对晋祠的真知灼见丰富了本书的学术性，在此向诸位先生致以崇高的敬意！

几十年来，在晋祠工作过的领导及相关研究人员从不同角度出版了内容丰富的晋祠书籍，尤其是刘军主编的《晋祠文化遗产全书》，为本书的写作提供了参考借鉴，在此一并致谢！

晋祠博物馆赵涛同志作为课题组成员，在书稿大纲讨论中提出了宝贵意见，对晋祠多元空间特点以及建筑部分的写作贡献颇多。我的研究生张盛、贾苗苗全程参与了本书的史料搜集和撰写工作，2019年他们入读研究生时恰逢我着手开始此书的撰写，三年来他们搜集了近30万字的文字资料，为本书的写作奠定了坚实的资料基础。假以时日，他们将成长为保护和传承晋祠历史文化的专业人才。

作为一本讲解晋祠的通俗读本，在定稿之际，特邀专家刘宝兰、米武军、许高哲、许兴达等诸位先生提出了宝贵的修改意见，三晋出版社莫晓东与解瑞女士给予了大力支持，在此一并致以谢忱！非常感谢太原市文物局、文物保护研究院以及晋祠博物馆的支持，书中许多珍贵的图片均由晋祠博物馆提供。写作匆忙，难免错漏，同时书中还有许多需要进一步深入细致研究的问题，敬请读者批评指正。

2023癸卯年冬月于山西大学渊智园

注释：
[1][汉]司马迁：《史记·晋世家》，中华书局，1982，第1635页。
[2][北魏]郦道元：《水经注·晋水》，上海古籍出版社，1990，第138页。
[3][北魏]魏收：《魏书·地形志二上》，中华书局，1974，第2466页。
[4][唐]李吉甫：《元和郡县图志·河东道二》，贺次君点校，中华书局，1974，第2466页。
[5]赵世瑜：《二元的晋祠：礼与俗的分合》，《民俗研究》2015年第4期，第11页。
[6][唐]李百药：《北齐书·帝纪第八》，中华书局，1972，第102页。
[7]赵世瑜：《多元的标识，层累的结构——以太原晋祠及周边地区的寺庙为例》，《首都师范大学学报（社会科学版）》，2019年第1期。
[8][清]刘大鹏：《晋祠志》，慕湘、吕文幸点校，山西人民出版社，1986，第6页。
[9][五代]刘昫：《旧唐书·本纪第一》，中华书局，1975，第2页。
[10][宋]薛居正:《旧五代史·晋书高祖纪第五》,中华书局,1976,第1045页。
[11]张友椿：《晋祠杂谈》，北岳文艺出版社，2009，第194页。
[12]赵世瑜：《晋祠与熙丰新法的蛛丝马迹》，《史学集刊》2014年第6期，第14页。
[13]赵世瑜：《赤桥村与明清晋祠在乡村网络中的角色》，《社会科学》2013年第4期，第129页。
[14]张亚辉：《皇权、封建与丰产——晋祠诸神的历史、神话与隐喻的人类学研究》，《社会学研究》2014年第1期，第185页。
[15]高寿田：《晋祠圣母殿宋、元题记》，《文物》1965年第12期，第59页。
[16]梁思成、林徽因：《晋汾古建筑预查记略》，《中国营造学社汇刊》1935年第5卷第3期。
[17]柴泽俊：《太原晋祠圣母殿修缮工程报告》，文物出版社，2000，第7页。
[18][宋]李诫：《营造法式》，重庆出版社，2018，第115~116页。
[19]山西晋祠文物保管所编《晋祠》，文物出版社，1981，第5页。
[20]柴泽俊：《柴泽俊古建筑修缮文集》，文物出版社，2009，第104页。
[21]梁思成：《中国建筑史》，百花文艺出版社，1998，第185页。

[22] 刘永德:《晋祠风光》,山西人民出版社,1961,第32页。
[23] 冯俊杰:《太原晋祠及其古代剧场考》,《中华戏曲》2005年第2期,第31页。
[24] 钱绍武:《北宋的现实主义雕塑杰作——晋祠圣母殿侍女群雕》,《文物世界》,1999年第4期。
[25] 行龙:《晋水流域36村水利祭祀系统个案研究》,《史林》2005年第4期,第9页。
[26] [英]沈艾娣:《道德、权力与晋水水利系统》,《历史人类学学刊》2003年第1期,第159~160页。
[27] 贾莉莉:《晋祠之景清门、惠远门考略》,《文物世界》,2013年第1期,第28页;张德一:《晋祠析疑八题》,《山西社会主义学院学报》,2014年第3期,第76~77页。
[28] 沈旸、申童、周小棣:《晋祠山门移位的时空误读》,《建筑学报》,2019年第1期。
[29] 周维权:《中国古典园林史》,清华大学出版社,1990,第20页。
[30] 宋乃忠、常原生:《晋祠联匾诗文选析》,山西人民出版社,2012,第22页。
[31] 习近平:《在文化传承发展座谈会上的讲话》,《求是》2023年第17期,第6页。

参考文献：
1. 刘大鹏.晋祠志[M].慕湘,吕文幸,点校.太原：山西人民出版社,1986.
2. 卫聚贤.晋祠指南[M].太原：山西省立国民师范学校,1932.
3. 张庆亨.晋祠指南[M].太原：范华制版印刷厂,1935.
4. 刘开渠.中国古代雕塑集[M].北京：人民美术出版社,1955.
5. 柴泽俊.晋祠[M].北京：文物出版社,1958.
6. 山西人民出版社.晋祠塑像[M].太原：山西人民出版社,1959.
7. 刘永德.晋祠风光[M].太原：山西人民出版社,1961.
8. 晋祠文物保管所.晋祠[M].北京：文物出版社,1978.
9. 柴泽俊.晋祠[M].太原：山西人民出版社,1981.
10. 太原市文物管理委员会,山西晋祠文物保管所.晋祠[M].北京：文物出版社,1981.
11. 魏国祚.晋祠导游[M].北京：中国旅游出版社,1986.
12. 郭怨舟,郭素婕,晋祠博物馆.晋祠名圖集粹[M].太原：山西人民出版社,1993.
13. 晋祠博物馆,晋祠文物研究所.晋祠宋塑[M].太原：山西人民出版社,1993.
14. 彭海.晋祠文物透视：文化的烙印[M].太原：山西人民出版社,1997.
15. 郭永安.晋祠风景名胜[M].太原：山西人民出版社,1998.
16. 梁思成.中国建筑史[M].天津：百花文艺出版社,1998.
17. 柴泽俊.柴泽俊古建筑文集[M].北京：文物出版社,1999.
18. 柴泽俊.太原晋祠圣母殿修缮工程报告[M].北京：文物出版社,2000.
19. 李钢.晋祠碑碣[M].太原：山西人民出版社,2001.
20. 李玉明.山西古建筑通览[M].太原：山西人民出版社,2001.
21. 宋乃忠,常原生.晋祠文物细问详说[M].太原：山西人民出版社,2001.
22. 牛娅薇.晋祠水利志[M].太原：山西古籍出版社,2002.
23. 杨连锁.晋祠塑像：中英文本[M].太原：北岳文艺出版社,2002.
24. 柴泽俊.柴泽俊古建筑修缮文集[M].北京：文物出版社,2009.
25. 张友椿.晋祠杂谈[M].太原：北岳文艺出版社,2009.

26. 安捷，赵树忠.晋祠志[M].太原：三晋出版社，2009.
27. 宋乃忠，常原生.晋祠联匾诗文选析[M].太原：山西人民出版社，2012.
28. 常原生，宋乃忠.晋祠彩画与壁画[M].太原：山西人民出版社，2012.
29. 贾莉莉.晋祠故事[M].太原：山西人民出版社，2013.
30. 王新生.晋祠古建筑[M].北京：文物出版社，2014.
31. 太原市晋祠博物馆，刘军.晋祠文化遗产全书[M].北京：文物出版社，2015.
32. 陈凤.讲解晋祠[M].太原：山西经济出版社，2016.
33. 郝平.嬗变与坚守：近代社会转型期晋中的民间宗教活动——以《退想斋日记》为中心[J].世界宗教研究，2012，6.
34. 胡英泽.晋藩与晋水：明代山西宗藩与地方水利[J].中国历史地理论丛.2014，2.
35. 张俊峰.神明与祖先：台骀信仰与明清以来汾河流域的宗族建构[J].上海师范大学学报.2015，1.

图书在版编目（CIP）数据

晋祠 / 山西省文物局编；乔新华著 . -- 太原：三晋出版社，2024.1（2024.5 重印）
（山西国宝故事）
ISBN 978-7-5457-2919-1

Ⅰ. ①晋… Ⅱ. ①山… ②乔… Ⅲ. ①晋祠－文化遗产－通俗读物 Ⅳ. ① K928.75-49

中国国家版本馆 CIP 数据核字 (2024) 第 021246 号

晋祠

编　　者：山西省文物局
著　　者：乔新华
责任编辑：解　瑞
装帧设计：我在文化工作室

出 版 者：山西出版传媒集团·三晋出版社
地　　址：太原市建设南路 21 号
电　　话：0351 - 4956036（总编室）
　　　　　0351 - 4922203（印制部）
网　　址：http://www.sjcbs.cn

经 销 者：新华书店
承 印 者：山西润金容印业有限公司

开　　本：787mm×1092mm　1/32
印　　张：7
字　　数：98 千字
版　　次：2024 年 1 月　第 1 版
印　　次：2024 年 5 月　第 2 次印刷
书　　号：ISBN 978-7-5457-2919-1
定　　价：42.00 元

如有印装质量问题，请与本社发行部联系　电话：0351-4922268